新时代大学生分众化主题教育理论与实践

陈迪明　李　刁◎编著

XINSHIDAI DAXUESHENG FENZHONGHUA ZHUTI JIAOYU LILUN YU SHIJIAN

華中師範大學出版社

新出图证（鄂）字 10 号

图书在版编目（CIP）数据

新时代大学生分众化主题教育理论与实践 / 陈迪明，李刁 编著. — 武汉：华中师范大学出版社，2024.6

ISBN 978-7-5769-0560-1

Ⅰ.①新…　Ⅱ.①陈…　②李…　Ⅲ.①大学生—思想政治教育—研究—中国　Ⅳ.①G641

中国国家版本馆 CIP 数据核字（2024）第 109009 号

新时代大学生分众化主题教育理论与实践

©陈迪明　李　刁　编著

责任编辑： 廖国春　　**责任校对：** 王　炜

封面设计： 胡　灿

编辑室： 综合（数字）出版分社　　**电话：** 027-67867370

出版发行： 华中师范大学出版社　　**社址：** 湖北省武汉市珞喻路 152 号

电话： 027-67863426（发行部）

网址： http://press.ccnu.edu.cn　　**电子信箱：** press@mail.ccnu.edu.cn

印刷： 武汉兴和彩色印务有限公司　　**督印：** 刘　敏

开本： 710 mm×1000 mm　1/16　　**字数：** 200 千字

版次： 2024 年 6 月第 1 版　　**印次：** 2024 年 6 月第 1 次印刷

印张： 12.75　　**定价：** 76.00 元

目　　录

第一章　大学生分众化主题教育的理论指引

中国特色社会主义进入新时代，标志着我国发展进入新的历史方位，党的二十大开启了以中国式现代化全面推进中华民族伟大复兴的新征程，面对新形势、新任务，青年主题教育必须始终坚持与时俱进，不断优化内容，创新方式方法，深刻把握时代规律和学生成长规律，确立分众化普及方法，开展分众化普及教育，让马克思主义理论真正为人民大众所理解、所接受、所运用。青年是社会发展的主力军，对青年的主题教育是推动马克思主义时代化大众化的重要切入点与关键着力点。习近平总书记在中央政治局第六次集体学习时强调指出："马克思主义中国化时代化这个重大命题本身就决定，我们决不能抛弃马克思主义这个魂脉，决不能抛弃中华优秀传统文化这个根脉。坚守好这个魂和根，是理论创新的基础和前提。理论创新必须讲新话，但不能丢了老祖宗，数典忘祖就等于割断了魂脉和根脉，最终会犯失去魂脉和根脉的颠覆性错误。"① 如何牢牢把握马克思主义这个魂脉，如何牢牢把握中华优秀传统文化这个根脉，如何扎实开展教育，确保教育效果，推动二者入脑入心是我们必须回答的时代命题。经过长期的实践探索，我们形成了分众化开展主题教育的方法。本章我们将讨论大学生分众化主题教育的理论渊源、制度支持以及当前大学生分众化主题教育的发展趋势。

第一节　大学生分众化主题教育的理论渊源

大学生青年群体是社会发展的生力军，顺应大学生自身发展的内在需要，对其开展分众化主题教育，是对"大水漫灌"传统教育模式的突破创新，更是全面推进中国式现代化、适应时代发展的必然要求。分众

① 不断创新对党的理论创新的规律性认识　在新时代新征程上取得更为丰硕的理论创新成果［N］. 人民日报，2023-07-02.

化教育作为一种教育实践活动，最早可追溯至西方的传播学领域以及中国先秦时期孔子因材施教的教育思想。张耀灿、徐志远在《现代思想政治教育学科论》中明确提出思想政治教育的内容："要以思想政治教育的目的和任务为客观依据，又要以受教育者的思想品德状况为现实依据。"① 这一解释为分众化主题教育提供了理论研究逻辑起点。新时代，大学生分众化主题教育应当成为以唯物辩证法为方法论指导，以马克思主义理论、思想政治教育学为理论基础，以教育学、心理学以及管理学等学科知识为借鉴的一种教育实践活动。

一、大学生分众化主题教育的理论源起

（一）西方分众化传播理论

"分众"这一名词，最早被未来学家阿尔文·托夫勒提出，并将分众传播看作一种信息传播系统。他曾在《权力的转移》中提出"分众化"概念，他认为未来新闻传播的发展趋势是从整体而广泛的传播优化到分众化传播，在分众化传播的过程中将不同的新闻信息及重点传递到具有不同兴趣和利益需求的群体。从传播学的角度分析，在我国社会经济高速发展的情况下，社会工业化和现代化的程度也随之加深，现代人群的需求与发展也开始出现了精细化分层的态势，再加之网络信息技术的飞速发展，分众化的趋向愈加明显。大众传播也由原来的广泛而刻板的单向性大众传播进入了个性化的分众化传播时代。在分众传播视域中，分众化是基于信息差异性的需求为变量的一种传播和营销手段，旨在对市场进行细分，其最终目的是传播精准化地触及受众，最大程度地满足受众需要，以实现传播效果最大化。

（二）先秦时期孔子因材施教的教育思想

早在先秦时期，孔子就提出了一套比较完整、严密的因材施教的理论体系。作为集中反映孔子思想的著作，《论语》中蕴含着丰富的因材施

① 张耀灿，徐志远．现代思想政治教育学科论［M］．武汉：湖北人民出版社，2003：141.

教的思想资源。首先，子曰："性相近也，习相远也。"在孔子看来，人的本性是相近的，但是由于"习"的不同，人是有差异的，人的差异性要求教育必须要有针对性，这就阐明了分众化教育或因材施教的逻辑起点。其次，在孔子的"仁学"思想中，"仁"的本质就是"爱人"，他认为"爱人"的前提就是要"知人"，"不患人之不己知，患不知人也"，只有"知人"，才能因"材"而教之。"知人"的过程其实质就是切实了解教育对象的具体差异的过程，要对教育对象了如指掌才能做到因材施教。孔子不仅在教育理念上坚持因材施教，有教无类；在教育实践上也推行差异性、针对性教学，根据学生的实际情况，采取不同的形式、途径、措施、方法、语言，将因材施教贯彻到教学实践中去。

虽然孔子没有直接提出"分众化"概念，但是他不仅为因材施教做出了重大的理论贡献，而且是较早将因材施教方法运用到实践中的教育家。分众化教育强调要将教育对象细分为不同的群体，根据不同群体的特点和要求分类施教，凸显教育的个性化和针对性。孔子早期朴素的因材施教理念、原则与要求，正好能为新时代分众化主题教育提供内在契合性，两者的理论在本质是一致的。应当明确看到，孔子的教育思想为当前大学生分众化主题教育提供理论启迪，为开展分众化时代下大学生主题教育提供学理性思考和实践性借鉴，实现了中华优秀传统文化与大学生主题教育的有机融合。

二、大学生分众化主题教育的理论支撑

（一）矛盾的普遍性与特殊性辩证关系原理

随着社会的多元发展，大学生群体也普遍呈现出差异性、个性化和多样化的特点。大学生群体的主题教育也必须契合大学生实际情况，掌握青年学子们的总体性特征具体问题具体分析，从而有效提升大学生主题教育的亲和力与针对性。

具体问题具体分析，是马克思主义活的灵魂。普遍真理只有结合实际情况，才能发挥最大的效能。善于分析矛盾的特殊性是矛盾分析法的核心要求，要求正确认识矛盾的普遍性和特殊性、共性与个性，尤其是

要结合实际情况进行分析、研究、总结。矛盾的普遍性与特殊性，是指矛盾的共性与个性问题，二者的关系是对立统一的，既相互区别也相互联系。矛盾的普遍性，指的是矛盾普遍存在于一切事物之中，存在于一切事物发展过程的始末；矛盾的特殊性，指的是不同事物的矛盾也各有其特点，一方面，不同的发展过程和发展阶段，同一事物的矛盾具有不同的特点；另一方面，每一对矛盾的不同方面也各自有着不同的性质、地位和作用。具体落实到主题教育，矛盾的普遍性与特殊性的辩证关系原理要求针对不同教育对象群体，采取适合该群体的主题教育方式，结合该群体的特殊性进行普遍性的主题教育，同时坚持普遍性与针对性相统一原则，确保教育方式及内容的合理性。

总而言之，将这一原理运用到大学生分众化主题教育过程中，就要求教育者不仅要把握教育对象的整体性特征，即矛盾的普遍性，而且要准确研判不同学生群体的具体特征，即矛盾的特殊性，实施个性化的主题教育。由此可见，矛盾的特殊性是人们认识事物的前提，构成了分众化教育的哲学向度，也为开展大学生分众化主题教育提供了重要的理论依据。

（二）灌输理论

灌输理论是马克思主义思想政治教育理论中不可或缺的一部分，也是思想政治教育实践活动必须坚持的准则，社会主导意识形态的灌输与教化是思想政治教育的本质。首次将灌输理念应用于思想政治教育领域的是列宁。灌输主体，可以理解为教育者，列宁指出："我们应当既以理论家的身份，又以宣传员的身份，既以鼓动员的身份，又以组织者的身份到居民的一切阶级中去。"① 这就意味着教育者既要具备一定的理论知识，又要具有一定的组织领导能力，深入教育对象的群体当中，灵活地运用各种有效的方式方法对教育对象进行思想政治教育。灌输客体，也可以理解为教育对象，列宁指出："社会民主党人的理论工作，应当研究各个阶级的社会地位和政治地位的一切特点，这是谁也不怀疑的。"② 这一思想揭示了充分把握教育对象差异化特点的重要性，要求能够结合教

① 列宁选集：第一卷［M］. 北京：人民出版社，2012：336.

② 列宁选集：第一卷［M］. 北京：人民出版社，2012：366.

育对象的实际需要开展教育工作。

这里的灌输并不是填鸭式的硬性灌输，而是教育者有计划、有目的、有针对性地对受教育者进行思想政治教育的过程。在新时代大学生分众化主题教育实践中，要坚持“精准灌输”原则，在深入了解大学生群体的现实状况与主体需求的基础上，不断丰富主题教育的内容、方法及形式，提高大学生主题教育的亲和力和针对性，提升分众化主题教育的参与度与满意度，有效增强理论灌输的实际效果。

（三）思想政治教育的原则与方法

思想政治教育原则是教育者依据思想政治教育的客观规律，在总结思想政治教育实践经验的基础上确立的思想政治教育活动的准则。陈万柏、张耀灿主编的《思想政治教育学原理》（第三版）详细阐述了思想政治教育的八大原则，根据大学生分众化主题教育实际情况，充分契合了其中的层次原则和民主原则。层次原则是指思想政治教育者从实际出发，根据教育对象的不同思想情况，承认差异，因材施教，区别对待，分层次进行教育。其基本精神是既照顾多数，又鼓励先进，将思想政治教育先进性要求与广泛性要求结合起来。民主原则是在思想政治教育活动中体现和落实人民是国家的主人这一社会主义制度的本质特征，在思想政治教育中发扬民主精神，坚持民主作风和民主方法，切实在思想政治教育中保障人民群众的民主权利。

一方面，在开展大学生分众化主题教育活动中，要充分考虑教育对象的层次性特征，把握教育对象的思想特点，根据不同层次教育对象的实际情况，确定差异化的教育目标和内容，选择丰富的教育载体和方法，充分体现分众化特征。另一方面，在开展大学生分众化主题教育活动中，要尊重教育对象的主人翁地位，充分发扬民主精神，积极创造民主氛围，使每一位受教育者敢讲真话、能讲真话，进而从受教育者的真话中了解真实情况，对受教育者进行有针对性的教育引导。总体来看，大学生分众化主题教育就是依托分众化理念对大学生进行主题教育，通过分众化的教育实践提高主题教育的实际效果，从而扩大主题教育的影响面，使主题教育的内容、价值深入到各个群体中，最终达到主题教育大众化的效果。

思想政治教育是一个较为复杂的实践过程，思想政治教育方法的选择需要聚焦方法的针对性，也就是说要针对不同教育任务，面对不同教育对象，选择不同的教育方法。其实质是要求思想政治教育方法的运用要符合教育对象的思想品德形成与发展规律，体现出思想政治教育的科学性与价值性。人的思想是复杂的，社会环境的影响也是复杂的，正如社会学家甘斯所言："现代社会，每一层次的公众都有自己的文化喜好或需求方式。"① 单一的教育方法往往有局限性，面对教育对象的差异性，需要采用综合的教育方法，方能形成合力，达到预期的教育目的。具体而言，选择思想政治教育方法就是要根据思想政治教育的目标和内容选择方法，针对教育对象的具体特点选择方法，针对实际思想问题选择方法。具体落实到新时代大学生分众化主题教育的开展，就要求一定要结合现实发展状况和实际学生需要进行，真正将想政治教育方法的发挥做到实处，有效达到主题教育目标。

三、大学生分众化主题教育的理论借鉴

（一）教育学中的理论借鉴

教育学以教育现象和问题为研究对象，积极探究教育发展的一般规律以及教育的性质、目的、原则、方法等。作为整个教育体系中的基础学科，教育学中的相关理论思想对思想政治教育有着重要的指导作用，尤其是提供了知识借鉴和实践遵循。思想政治教育正是在遵循教育学所揭示的基本原理、原则和方法的基础上，研究思想政治教育的特殊规律，进而建立特有的学科体系。大学生主题教育作为一项思想政治教育的基本实践活动，应充分遵循与吸收教育学的基本原则，坚持分众化教学模式。

美国当代著名教育家和心理学家布卢姆，将认知领域教育目标分为认知、情感和动作技能三个领域，每一领域又细分为若干个层次，这些层次具有严格的阶梯关系，其核心是学习教育要因人而异。虽然教育学理论研究中没有相关分众化教育原理，但是《教育学》一书提出了教学活动中应该遵循的七大原则，其中，理论联系实际、统一要求和因材施

① 殷晓蓉. 战后美国传播学的理论发展：经验主义和批判学派的视阈及其比较[M]. 上海：复旦大学出版社，2000：176.

教相结合的原则均体现了分众化的教育理念。具体体现在，一方面，理论联系实际的教育理念要求教育者，既要立足社会发展的实际，也要结合学生已有的发展水平，根据学生个体发展水平的不同进行分层教育，即分众化教育。另一方面，统一要求和因材施教相结合的原则要求教育者在按照统一规定的教育计划、教学标准进行教育实践的同时，针对教育对象的个性化特点进行有差别的教书育人。

（二）教育心理学中的理论借鉴

教育心理学是指，在研究教育和教学的过程中，教育者和受教育者表现出来的心理活动及其产生和变化规律，是心理学的分支内容。在教育和教学实践的方方面面都包括心理学问题，特别是个体的心理活动规律直接成为教育工作的重要依据之一，且个体差异对教育效果有显著的影响。在教育心理学中，个体的认知差异包括三个重要维度，具体包括一般认知能力、专门领域知识和认知风格。每一个教育对象都是一个特殊而独立的个体，在他们身上既体现着发展的共同特征，又表现出巨大的多元差异。所以，在遵循共同规律对学生进行教育的同时，教师必须关注学生的个体差异，因人而异，因势利导，因材施教，促进学生在原有基础上的发展，使每一位学生都得到充分的发展，教师的教，只有适应了学生的差异性，实施因材施教才能取得理想的结果。这就为大学生分众化主题教育提供了教育心理学上的支持。大学生的主题教育要真正为大学生所接受并内化于心，就要求教育者了解学生的个体差异，针对学生在认知能力、认知领域还是专门知识领域上的不同层次，切实开展分众化主题教育，使大学生主题教育真正入脑、入心、入行。

（三）管理学中的理论借鉴

管理学中的精细化管理的本质是对企业战略目标分解细化落实的过程，“精”就是抓住运行管理中的关键环节，“细”就是管理标准的具体量化、考核、督促和执行。精细化管理能够有效地协调企业内部资源，真正做到人尽其责、物尽其用。尤其是对客户服务的精细化，即对现有客户进行分类管理，细致了解客户所属企业生产运营情况和供需关系，找准切入点、抓好关键点，有计划性、针对性地营销产品。这些精准的管理原理与理念，为大学生主题教育提供了重要的指导作用。目前，精准思想政治教育逐渐成为思想政治教育创新发展的一种崭新模式，不仅有望作为高校思想政治教育困境突围的战略基点，同时也将成为其提质增效的现实抓手。新时代，将分众化思想教育模式融入大学生主题教育全过程，明确大学生主题教育内容的因人而异、因事而异，科学契合大学生主题教育现实发展需要，充分体现“精”的要求，彰显“因事而化、因时而进、因势而新”的工作理念，通过建立分众化教育模式，将大学生主题思想教育任务责任落实，按标准考核，体现“细”的要求，构建以需求供、以供给需、供需平衡的良性循环。

综上，分众化主题教育思想的提出是思想政治工作适应新时代发展变化的新的理论研究和实践探索，其理论渊源悠久而广泛，其理论支撑既包括西方分化传播理论以及中国先秦时期孔子的因材施教的教育思想，也借鉴了教育学、教育心理学、管理学等相关学科的知识，尤其是以马克思主义基本原理和思想政治教育学为关键内容的理论依据，如矛盾的普遍性与特殊性的辩证关系原理、马克思主义人学理论以及思想政治教育灌输理论、思想政治教育的基本原则和方法。研究与分析大学生分众化主题教育的理论渊源，能够科学地为大学生分众化主题教育的实践开展提供理论支撑与思想指引，保证大学生分众化主题教育的育人方向，充分彰显分众化主题教育的科学性和真理性。

第二节　大学生分众化主题教育的制度支撑

当前，大学生分众化主题教育制度日趋完善，涵盖了学习、教学、教师、课程、督查、实践、管理和评价的多个维度。党的十八大以来，以习近平同志为核心的党中央高度重视大学生思想政治教育工作，习近平总书记在各个场合多次论述思想政治教育重要内容，为开展大学生分众化主题教育提供了根本遵循，尤其是党和国家陆续制定并出台了多个文件，为大学生分众化主题教育的实施提供了制度支撑。

一、中国共产党分众化教育理念与主题教育实践探索

在百年奋斗历程中，中国共产党历经百年沧桑始终走在时代前列、保持初心使命，做到永葆青春活力，其至关重要的一点在于高度重视自

身建设，始终将集中主题教育、培养合格党员摆在关乎存亡的高度，通过开展分众化和主题式党员教育来统一认识、凝聚力量、明晰方向。当前面对人们社会利益诉求多样化、价值观念多元化及生活方式数字化等新形势，思想政治教育分众化更将成为不可阻挡的发展趋势，探索有效途径以提高思想政治教育精准度亦是必然之需。可以说，大学生分众化主题教育正是对中国共产党历届主要领导人分众理念的继承和发展，是对党的主题教育实践活动在青年群体中的实践探索。当前，要在继承党的分众宣传教育的优良传统的基础上，始终以教育对象“好不好”“要不要”为依据开展主题教育活动，在主题教育过程中践行分众化要求，真正推动党的创新理论为青年学生所接受。

（一）中国共产党分众化教育理念

回望中国共产党百年光辉历程，党在历史发展的每一时期都有着对思想政治教育的时代诉求，历届主要领导人开展的教育实践都蕴含着分众理念。毛泽东同志在《反对本本主义》中指出，不同阶级、不同阶层群体的思想观念及政治立场存在差异，思想政治教育要在充分了解教育对象的基础上做到有的放矢，对症下药。他指出：“共产党员如果真想做宣传，就要看对象，就要想一想自己的文章、演说、谈话、写字是给什么人看、给什么人听的，否则就等于下决心不要人看，不要人听。”因此，只有熟悉宣传对象的特点，才能根据宣传对象恰当地宣传和表达思想观点。邓小平同志指出：“我们在鼓励帮助每个人勤奋努力的同时，仍然不能不承认各个人在成长过程中所表现出来的才能和品德的差异，并且按照这种差异给以区别对待，尽可能使每个人按不同的条件向社会主义和共产主义的总目标前进。”① 江泽民同志同样意识到将分众理念运用于思想政治工作的重要性，在全面推进军队、学校、农村、企业等各条路线的思想政治教育工作时，多次强调要针对一定对象确定一定内容组织开展相对集中的教育活动。胡锦涛同志在科学发展观重要思想中提出，要坚持“以人为本”，思想政治教育目标应以教育对象的思想政治素养及认知发展规律为基本前提，教育者在具体教育实施过程中要关注人的差异性、层次性和多样性，要根据每个教育对象的实际思想状况制定有针

① 邓小平文选：第二卷［M］．北京：人民出版社，1994：106.

对性的教育目标。

习近平总书记多次强调，宣传思想工作要“树立以人民为中心的工作导向”。这就要求宣传思想文化工作承担着宣传群众、动员群众、服务群众的庄严使命，必须深深扎根于人民群众之中，切实做到答疑解惑、回应关切、解决问题，尤其是根据不同受众特点，因人而异，充分体现分众化理念。2016 年 6 月，习近平总书记在党的新闻舆论工作座谈会上强调，党的新闻舆论工作必须“要适应分众化、差异化传播趋势，加快构建舆论引导新格局”①。2018 年，习近平总书记在全国宣传思想工作会议上指出：“要把握大势、区分对象、精准施策。”② 避免出现趋同化、同质化的现象。进入新时代，习近平总书记强调“要坚持统一性和多样性相统一，落实教学目标、课程设置、教材使用、教学管理等方面的统一要求，又因地制宜、因时制宜、因材施教”③。

分众化思想政治教育是提高教育实效的一种模式，在教学方法上根据教育对象的特点、内部关系选择个性化、高效化的教育教学方式。当前，要坚持注重领导干部带头示范作用和基层党组织基础性功能的分众化教育方法。正如习近平总书记对推进“两学一做”学习教育常态化制度化作出的重要指示：抓住“关键少数”抓实基层支部保证广大党员以身作则发挥先锋模范作用。“举网以纲，千目皆张。”领导干部是“关键少数”，肩负着关键责任，必须发挥关键作用。

（二）中国共产党主题教育实践探索

开展党内集中教育是中国共产党加强自身建设、推进自我革命的一大法宝，主要针对党员干部服务人民和解决现实问题能力的锻炼与提升，习近平总书记围绕党内集中教育发表的一系列重要讲话，指明了新时代党内集中教育的目标、要求、方法、意义等内容。

自中国共产党建党以来，中国共产党先后开展了十六次党内集中教育，特别是党的十八大以来，根据当前党员的特点、思想状况，有针对

---

① 习近平谈治国理政：第二卷［M］. 北京：外文出版社，2017：333.

② 论党的宣传思想工作［M］. 北京：中央文献出版社，2020：342.

③ 冯刚，彭庆红，余双好，等. 新时代高校思想政治教育学原理［M］. 北京：人民出版社，2021：379.

性地选择时代化、差异化的教育目标与内容，围绕不同主题组织先后开展了党的群众路线教育实践活动、“三严三实”专题教育、“两学一做”学习教育、“不忘初心、牢记使命”主题教育、党史学习教育、学习贯彻习近平新时代中国特色社会主义思想等党内集中学习教育活动，平均每两年一次。

尤其是在坚持全面从严治党、推进党的建设新的伟大工程的过程中，以习近平同志为核心的党中央把政治建设摆在首位，不断深化“四个意识”，党中央权威和集中统一领导不断加强，党内政治生态不断净化，党的建设取得了一系列显著成效。这离不开党扎实开展主题教育，通过党内集中教育，领悟和内化党内集中学习教育精神，引导广大党员树牢宗旨意识，在学习教育常态化、长久化中不断坚定理想、提升水平。总体上看，党的十八大以来开展的六次党内集中教育，立足服务党和人民事业、维护群众利益和坚持务实求效、提高解决实际问题能力，体现了党对于“培养什么样的干部”“培养什么样的党员”等问题的持续思考。

此外，党内做实主题教育，领导干部要发挥示范带动作用，才能形成自上而下的强大推动力，取得更好的实际效果。党的十八大以来开展的六次党内集中教育，其中有三次都明确以领导干部为对象。党的群众路线教育实践活动的重点对象是县处级以上领导机关、领导班子和领导干部，“三严三实”专题教育对象为县处级以上领导干部，“不忘初心、牢记使命”主题教育和学习贯彻习近平新时代中国特色社会主义思想主题教育以县处级以上领导干部为重点。这充分说明了党内集中教育对领导干部发挥表率作用的重视。

在领导干部带头示范作用之外，更要发挥全体党员尤其是基层党组织的重要作用。中国共产党目前拥有 506.5 万个基层党组织，是党的执政基础和力量源泉，是党的领导贯彻基层治理的毛细血管，也是贯彻落实党中央决策部署的“最后一公里”。只有抓好基层党组织，将基层党组织建设得坚强有力，将党内集中教育的要求落实到每一名党员，才能使党内集中教育的实际成效最大化。

二、新时代大学生分众化主题教育的制度支持

在新媒体时代背景下，当代大学生受外部思想文化影响较深，思维

更为活跃多变，情感更为丰富，个性特征更为明显①。传统大学生思想政治教育在内容与形式等方面受到了巨大冲击与挑战，“大水漫灌”的传统思想政治教育模式无法满足受教育者的日益多元化的个性需求。在中国特色社会主义新时代，亟须为新时代大学生在思维多元、网络冲击、就业竞争激烈的背景下，做好人际交往、心理适应、情绪健康管理等方面的主题教育工作。正是基于大学生群体的内部差异性、个性化和多样化特点日渐突出，大学生思想政治教育分众化成为新时代大学生思想政治教育的大势所趋。

作为推进大学生思想政治教育的重要形式和重要组成部分，大学生分众化主题教育一直以来受到党和中央的高度重视，有着众多的政策指引和制度支持。2013 年 12 月，中共中央办公厅印发的《关于培育和践行社会主义核心价值观的意见》（以下简称《意见》）指出，要坚持联系实际，区分层次和对象，加强分类指导，找准与人们思想的共鸣点、与群众利益的交汇点，做到贴近性、对象化、接地气；坚持改进创新，善于运用群众喜闻乐见的方式，搭建群众便于参与的平台，开辟群众乐于参与的渠道，积极推进理念创新、手段创新和基层工作创新，增强工作的吸引力感染力。弘扬和践行社会主义核心价值观是大学生主题教育的重要内容。在《意见》中，“区分层次和对象”被特别提出，表现了“分众化”的重要性，同时也为推进大学生的分众化主题教育提供了重要的指引和实施依据。

2015 年 11 月，习近平总书记就如何开展好党的十八届五中全会精神宣讲工作做出重要批示，明确提出要以对象化、分众化、互动化，增强宣讲的针对性、生动性和实效性。不言而喻，这不仅对党的宣传思想工作的传播体系该“如何讲”提出了要求，也同样为高校大学生思想政治教育的话语体系该“怎样说”点出了要义。所谓对象化，说的是内容切入点。当前要高度关注并认真研判当代青年学生特有的思想认知特质、心理变化特征和情感接纳特点，在话语体系中以“换位思考”取代“自我中心”，用“小中寓大”映照“宏大叙事”，密切保持话题传输的思想内容与学生接收的实际内容之间的契合度。所谓分众化，指的是方法着眼点，那就是要真正理解和准确细化同质化表层下，当代青年学生基于

① 王丹阳．大学生思想政治教育分众化研究［D］．上海：华东师范大学，2022．

自我角色差异、成长经历弥散、发展境域差异以及由此形成的不同需求、不同期待所呈现出来的个性化的内在品质。所谓互动化，讲的是角色转换点，即要始终站在时代的前沿，与学生进行“朋辈”发展。这也就要求教育工作者与时俱进地创新和转换思想政治教育的话语体系，因事而谋地研究时代变化，因势利导地把握受众需求，顺势而为地引领学生发展，通过对象化、分众化、互动化，用掷地有声的思想内涵、润物无声的话语表达，使之接地气、有温度、融情感、入心灵，这既是时代命题，也是思想政治教育的创新和变革，更是主责与传帮带。

2016 年 6 月，习近平总书记在党的新闻舆论工作座谈会上强调，党的新闻舆论工作必须“要适应分众化、差异化传播趋势，加快构建舆论引导新格局”。重视新闻舆论工作是党的优良传统，是革命、建设、改革事业不断取得胜利的重要法宝。大学生是接受新闻舆论的重要对象，以分众化的形式对大学生进行主题教育也是在宣传舆论展现激浊扬清的重要途径。新的时代条件下，党的事业面临更为艰巨繁重的任务。面对当前大学生价值观念多元化及生活方式数字化的新形势，分众化推进思想政治教育已经成为不可阻挡的发展趋势，探索有效途径以提高思想政治教育精准度已是必然之需。对大学生进行主题教育必须用正确的立场、鲜明的观点、坚定的态度，针对性地传播党和政府的声音，生动展示社会发展主流，引导人民群众看到党领导我国经济建设和各项事业取得的显著成就，坚定中国特色社会主义道路自信、理论自信、制度自信、文化自信，为推进党的各方面工作、为党和国家事业发展营造良好氛围。

2018 年 8 月，习近平总书记在全国宣传思想工作会议上指出：“中国特色社会主义进入新时代，必须把统一思想、凝聚力量作为宣传思想工作的中心环节。”要“把握大势、区分对象、精准施策”。当前，中国特色社会主义进入新时代，我国发展形势总的很好，做好宣传思想工作具有坚实的理论基础、实践基础、物质基础、民心基础。对大学生进行分众化的主题教育，是推进当代宣传工作的重要一环。面对大学生思想变化的新情况、新问题，要想做到强信心、聚民心、暖人心、筑同心，就必须高度重视青年这一重要群体，做到“区分对象”这一条，在主题教育的过程中，根据学生的不同专业、学院、性别、兴趣等进行设计安排，同时还要及时避免出现趋同化、同质化的现象，力求多元化、创新型发展。

2019年11月12日，中共中央、国务院印发《新时代爱国主义教育实施纲要》，其中第3条指出，要区分层次、区别对象，引导人们深刻认识党的领导是中国特色社会主义最本质特征和最大制度优势，坚持党的领导、坚持走中国特色社会主义道路是实现国家富强的根本保障和必由之路；第16条指出，推动思想政治理论课改革创新，发挥学生主体作用，采取互动式、启发式、交流式教学，增强思想性理论性和亲和力针对性，在教育灌输和潜移默化中，引导学生树立国家意识、增进爱国情感；第26条指出，适应分众化、差异化传播趋势，使爱国主义宣传报道接地气、有生气、聚人气，有情感、有深度、有温度。爱国主义教育是大学生主题教育必然推进的授课主题，涉及十分重要的授课内容。《新时代爱国主义教育实施纲要》中多次提到了“分众化”相关内容，对推进大学生主题教育有着重要的指导作用，实施和推进分众化的大学生主题教育势在必行，是新时代适应爱国主义教育的必然要求。

2020年12月，中共中央宣传部、教育部发出关于印发《新时代学校思想政治理论课改革创新实施方案》（以下简称《方案》）的通知。《方案》在基本要求中特别指出“要增强针对性”，即遵循思想政治工作规律、教书育人规律、学生成长规律，编写适用不同类型高校的教材，进一步增强思政课的思想性、理论性和亲和力、针对性。此外，《方案》在课程目标体系、课程体系、课程内容等多个方面中对大中小学思政课课程目标进行一体化设计的同时，更从不同学龄、学段方面出发对小学、初中、高中、大学等不同阶段的学生进行了不同的课程规定，特别体现了针对性、分众化的特点。大学生思想政治理论课、周末晚点名课堂作为推进大学生主题教育的重要载体和重要组成部分，也必须要贯彻《方案》精神，在与中小学进行接轨的同时，更要对大学生群体进行新的区分和联系，以针对性的教育方式，更好的发挥思政课程的作用。

2021年7月，中共中央、国务院印发《关于新时代加强和改进思想政治工作的意见》，其中指出高校思想政治教育工作的优化升级需要进一步推进，这就要求高校在进行教育实践的时候不仅要更贴近师生的实际思想内核，还要满足高校学生个体发展上的差异性需求。思想政治工作是党的优良传统、鲜明特色和突出政治优势，是一切工作的生命线。加强和改进思想政治工作，事关党的前途命运，事关国家长治久安，事关民族凝聚力和向心力。大学生主题教育是大学生思想政治教育的重要组成部分，同样需要“分众化”的形式去适应时代的变化、学生发展的需要。当然，与此配套的还有思想政治教育的方法论，需要得到进一步的创新，在方法、方式、形式、载体等方面提升高校育人工作的高效性和针对性。

第三节　大学生分众化主题教育的发展趋势

随着大学生思想政治教育重要性的日益凸显，分众化主题教育已成为各高校在开展精准思想政治教育过程中必不可少的形式。总体上看，现行的主题教育能够在一定程度上满足学生发展的个性化需求，进一步强化大学生思想政治教育效果，促进大学生全面发展。当前面对国际国内环境的新挑战、教育模式和方式转型的新形势，要依托新时代大学生分众化主题教育的有利条件，优化分众化主题教育的模式和形式，进一步提升教育的实效性。

一、大学生分众化主题教育的发展现况

我国高校一直重视大学生发展的差异性和主体性，大学生分众化主题教育则尝试通过分众化的教育方式来提高大学生主题教育的针对性和实效性，在新形势下在高等院校的教育中逐渐得到推广和实施。

从教育实施的主体来看，大学生分众化主题教育的推动力量主要来自高校思想政治教育部门和学工部门，这些部门通过组织教师进行定期培训、提供教学资源支持等方式，鼓励大学教师在思政课程和日常教育中采用分众化的教育方式，以更好地满足学生的个性化需求①。同时，高校辅导员、班主任等学生工作队伍也是推动分众化主题教育的重要力量，他们能够更加深入了解学生的需求和问题，开展针对性的主题班会、集体和个别辅导，有效提高了教育的实效性。

从教育实施的客体来看，大学生分众化主题教育的受教育者主要是大学生群体。不同年级、不同专业、不同背景的学生有着不同的教育需求和发展方向，由此分众化主题教育强调针对不同学生群体采取

---

① 徐秉国，李芳，李敏，等．高校思想政治理论课分众化教学策略探讨［J］．学习月刊，2020（9）：41-42.

不同的教育内容和方法。例如，针对新生开展适应性教育，针对毕业生开展教育实习、就业创业教育，针对其他年级学生开展专业教育和素质拓展等等。此外，针对学生中的特殊群体，如有学业困难的学生、有心理问题的学生、贫困生等，可使用合适的方法开展个别辅导和精准帮扶。

从教育实施的效果来看，目前大学生分众化主题教育已经得到广大学生和教师的认可和好评，通过分众化教育的方式，教师可以更好地满足学生个性化的需求和发展，有效提高教育的实效性和针对性；学生也可以更好地参与到教育过程中来，发挥自己的主体性和创造力，从而提高自己的综合素质和社会责任感；大学生分众化主题教育还可以推动高校教育的改革和创新，促进教育质量的不断提高。目前，大学生分众化主题教育这种教育模式虽然还处于探索阶段，但在广大学生和教师的共同努力下，相信这种教育模式会不断完善和发展，更好地服务于大学生的成长和发展。

当然，大学生分众化主题教育当前还面临着诸多困难和挑战，存在着诸多问题。一方面，社会竞争的逐渐加剧对大学生思想政治教育提出更高更严苛的要求。社会转型导致的社会阵痛使得新的问题层出不穷，尤其是在社会竞争激烈的情况下，新媒体环境中复杂的信息使得大学生更易受到社会信息的影响以及环境转变的影响，容易在此过程中对思想政治教育产生抗拒心理。并且，目前的大学生思想政治教育模式也存在着与社会发展不协调的问题与状况①。尤其是多层次、丰富性的社会发展使得少数思想政治教育内容脱节，也存在大学生世俗化目标与理想化教育教学目标不相适应的情况。这就需要高校思想政治教育的目标充分契合大学生个体综合发展需求，从而有效提升大学生思想政治教育工作的实践性。另一方面，随着社会信息条件的变化以及大学生群体价值观和世界观的多变，大学生群体的思想政治教育也面临着新的挑战，需提供契合其思想特征、符合时代潮流的内容、理论方法以及实践模式。目前关于大学生思想政治教育的时代性、具体化和精准性的研究较为薄弱，与大学生分众化主题教育相关的研究总体上停留在宏观层面，研究趋向

① 王天佐．大学生分众化差异化思想政治教育工作研究［J］．吉林广播电视大学学报，2019（3）：137-138.

的整体性较强，精准化的问题意识较弱，实践中可借鉴的经验有限，如何将分众化理念真正融入大学生思想政治教育领域的研究还有待进一步深化。

从教育的实施效果来看，深入了解分析大学生群体的实际状况，对其进行类型化的区分和把握，是有效推进大学生思想政治教育主题教育的前提。当前，在高校领域，思想政治教育者对大学生差异化的思维特征、个性特性、心理动态、行为取向等掌握还有待进一步熟悉①，例如部分学生在学习过程中受功利主义影响，希望学习效果能立竿见影，但思想政治教育是一个潜移默化的过程，不像技能课、语言课那样能看到即时学习成果，人的思想道德素质的提升不可能瞬间实现，这就需要思想政治教育工作者在准确认识教育对象各方面差异性的基础上开展思想政治教育。

二、积极开展大学生分众化主题教育的有利条件

新时代，大学生分众化主题教育的发展面临着新环境、新形势，处于发展的黄金时期，有诸多有利因素。

（一）新时代开展主题教育的教育教学资源进一步丰富

新时代的教育资源、文化资源、人力资源、技术资源，更具广泛性、开放度、多元化，为大学生思想政治教育分众化主题教育的实施提供了有力支撑和动力源泉。教育资源的全面开放，能够进一步提供教育教学新动力，信息快速传播、获取方式多元化，形成具有新时代特征的教育新思路。尤其是教育数字化转型带来了新机遇，通过数据采集整理及分析研究能够持续提供决策新方案，这种类似思政课分众化教学等创新思政教育的应用模式如雨后春笋。同时，思想政治教育与信息技术的彼此相互融合，有利于各类优质资源的发掘、组合和应用，有效促进大学生思想政治教育的深度创新和精准开展。新时代教育教学资源的进一步丰富，为大学生思想政治教育分众化提供了有利的外部环境和内部支持。

---

① 鲍永芳. 高校研究生思想政治教育分众化探究［D］. 北京：中国矿业大学，2016.

（二）当前社会的高质量发展

社会转型的阵痛也必然会影响大学生思想观念的变化。马克思曾指出，人的本质在其现实性上是一切社会关系的总和。大学生思想品德深受其教育背景、家庭背景以及其个人社会经历等多种因素的影响。随着社会转型不断多元化，社会变革的全面性也体现在政治、经济、文化等各个方面[①]。尤其是思想文化领域呈现出多样性的特征，不仅渗透于建构富有开放性与多元性的现代社会进程之中，而且也体现在塑造具有多样价值观念的社会主体。首先，在大学生的人生发展历程中，社会的多元化意味着社会的开放性不断增强，不同思想观念的碰撞能促使其丰富视野，培养开放意识，增强辨识能力，从而使大学生群体的思想观念受到更为正确的引导。其次，培育践行社会主义核心价值观，有助于大学生群体培养起充分的社会主体意识和民主意识，正确认识权利与义务的关系，通过关注国家时事和社会热点，增强社会参与感，树立社会责任感。最后，正确认识我国社会转型中取得的一系列成果，正视存在的经济发展不平衡不充分等问题，有利于大学生理解我国现有社会发展水平，进一步树立民族自信，为其成为未来社会建设的核心人才而不懈努力。

（三）社会治理现代化进程加快

社会现代化程度的不断提高，也促使思想政治教育工作者必须学会与时俱进，学会创新与发展，这样才能真正提升大学生分众化主题教育的实效性和科学性。社会发展呼唤大学生的使命担当，积极开展思想政治教育，充分挖掘大学生群体的主观能动性，对于促进社会治理的现代化进程，推进社会发展具有重要的实践价值。一方面，社会治理要求协调规范社会道德与行为，解决社会问题，能够通过大学生群体正向的群体形象树立接力奋斗的接班人和建设者群体；另一方面，通过有针对性地设计主题教育专题，大学生思想政治教育分众化主题教育有计划地传递价值导向，规范其社会行为，既实现大学生思想政治教育的价值，也达到推进社会治理现代化的效果。

---

① 苏文捷．新时代大学生思想政治教育分众化实施路径研究［J］．沈阳干部学刊，2022，24（5）：46-48.

（四）大学生思想政治教育实效性困境的需求

当前，由于社会发展变革、社会思潮多元，大学生思想政治教育的实效性和针对性都受到多方面因素的影响，尤其是如何精准研判教育对象特点，分析教育对象发展的差异性和多样性不够深入，对教育内容及教育方法的创新也还有很大空间。分析和认知这些制约因素与现状，加强大学生思想政治教育分众化、主题性的教育，可以从真正意义上解决教育实效性问题，可以将思想政治教育落实到最后一公里，切实实现精准思政。

三、大学生分众化主题教育的发展走向

分众化思想政治教育有助于提升大学生的思想政治教育的针对性和亲和力，改变以往单一的育人模式，从大学生的客观差异性出发，开展有针对性和引导性的教育活动，使得大学生树立正确的世界观、人生观和价值观，形成良好的道德品质，为社会培养具有文化素养和人文精神的全面性人才①。在教育数字化转型和中国式现代化发展进程的背景下，新时代大学生思想政治教育分众化主题教育需要进一步改进与创新。

（一）引入传播学理论，提升大学生分众化主题教育的传播力

由于受众的需求存在差异性，这就需要教育工作者在大学生分众化主题教育中引入传播学领域的分众传播理论②。一方面有助于优化升级传统大学生思想政治教育的理念与方法，寻求相关理论支持与拓展；另一方面，也可以根据高校大学生群体的个性特征和教育需求的差异性，通过结合大学生思想政治教育的接受情况进行分类分级教育，提升大学生思想政治教育的针对性和有效性。如何引入传播学的分众传播，从“分众化”的角度把握大学生思想政治教育，在对大学生差异化认知的基础

① 田菲菲，张建军．推动马克思主义大众化适应分众化差异化的新思考［J］．厦门特区党校学报，2020（5）：18-24.

② 王天佐．大学生分众化差异化思想政治教育工作研究［J］．吉林广播电视大学学报，2019（3）：137-138.

上开展精准施策，提升大学生思想政治教育的精准性、针对性，将成为当前大学生思想政治教育必须深入研究的课题。

（二）做好思想政治教育过程中分众化与信息化的互动效应

当前，利用信息化技术科学精准对受教育群体开展分众化教育，在学界已经受到普遍关注，尤其是如何基于信息化手段的数据分析、数据研判为分众化主题教育提供了新的技术支撑。未来，分众化主题教育可以在智慧教育平台的基础上，利用大学生数据进行精准学情分析，确定教学目标；进行精准教学设计，预设教学活动；进行精准记录监测，实施教学干预；进行精准教学测评，评估学生表现，从而打造分众思政的教育闭环。应该说，分众化需要信息化提供数据支持的同时，教育信息化也受益于分众教育收获数据的丰富和深化。由此，未来基于分众的问题探究、专题研讨、案例分析等，都会更加充分和深入。分众化和信息化的良性互动与思想政治教育实效性的关系值得进一步深入研究和探索。

（三）构建与分众化主题教育相适应的评价机制

完整的思想政治教育过程应包含评价环节，目前建立分众化思想政治教育评价体系已经受到学界的重视，但仍然处于研究起步阶段。具体落实到大学生分众化主题教育的评价机制，需要考虑三个方面因素：一是评价主体多样化。根据差异化教育教学的具体流程，应覆盖教育过程的全部参与者。二是评价方式多元化。评价方式需要对接针对不同受众所采取的教育方法，使教育方法与评价方式相适应①。三是评价内容多维化。充分利用互联网技术，多维度采集数据，多角度分析数据，快速生成多维度学习效果分析报告。对学生进行针对性评价，为通过评价促进学生全面而有个性的发展打开突破口。

当前，开展大学生分众化主题教育亟须更深入的研究与实践，尽快分析研判分众化主题教育的主题设计、对象特点、教育流程、评价机制等内容，不仅有利于解决高校大学生思想政治教育工作的实际困惑，更能有效推动思想政治教育学科的发展与进步。

---

① 王石，张宏．基于可视化分析的分众化思想政治教育研究述评［J］．江西科技师范大学学报，2022（5）：71-80.

第二章　大学生分众化主题教育的时代意蕴

当前，高校思想政治工作体系逐步健全，但是思想政治教育的针对性实效性以及对大学生的吸引力和感染力还不足，需要较大提升，这很大程度上就是因为现在的大学生思想政治教育还没有实现从“大水漫灌”到“精准滴灌”的转变。主题教育是小切口针对性教育，能够精准对接教育对象，综合运用多种教学手段，有效提升思想政治教育质量。从国家层面来说，“不忘初心、牢记使命”主题教育和学习贯彻习近平新时代中国特色社会主义思想主题教育均取得了显著的进展与成效。对于新时代大学生思想政治教育来说，也要充分运用灵活多样的主题教育来进一步丰富思想政治教育的供给内容与方式，从而有效满足不同类型大学生群体多元化的成长发展诉求。大学生分众化主题教育是新时代背景下坚持以习近平新时代中国特色社会主义思想为指导，遵循思想政治工作规律、教书育人规律、学生成长规律，以满足大学生多元化成长发展诉求为导向，以形式多样、内容丰富的分众化、主题化、特色化思想教育课程与活动为载体，以增强大学生思想政治教育吸引力感染力和针对性实效性为突破口，以大学生德智体美劳全面发展为核心宗旨的一种新型的思想政治教育模式，具有丰富深刻的时代意蕴与重大的理论实践价值。

第一节　大学生分众化主题教育的丰富内涵

思想政治工作从根本上说是做人的工作，要坚持以学生为中心，围绕学生、关照学生、服务学生，不断提高学生思想水平、政治觉悟、道德品质、文化素养，让学生成为德才兼备、全面发展的人才。所谓分众化主题教育，是指根据大学生群体的不同特点、不同需求，策划和形成不同的主题，并围绕该主题在一定时期和阶段开展的有计划、有组织、有针对性的差异化教育活动。分众化主题教育把学生视为行为的发动者、主动者，根据学生群体的不同特点，设计主题，让学生在实践中成长，是一种寓教于乐的教育方式。

一、大学生分众化主题教育的概念

“分众”一词最早由未来学家阿尔文·托夫勒提出，并应用于传播学领域。“分众”，顾名思义就是对受众进行划分，而分众化是一种动态过程，是通过对受众进行区分，不断加强工作针对性与精准性的优化过程。分众化传播也就意味着研究的视角由主体转向受众，并将不同类型的受众进行分流，而大学生分众化主题教育聚焦于思想政治领域，就是对高校思想政治教育的对象即大学生群体实行差异化教育。在西方有关教育的分众研究中，更注重学科分类以及针对不同人群开展差异化教育。其中，著名教育家杜威（1916）曾提出要发挥学生在教育中的主体作用，尊重主体差异。中国对于分众的说法甚至可以追溯到孔子提出的“因材施教”，近现代的相关研究最早出现于传播学与市场营销学，而后引申到思想政治教育范畴。邱真（1986）提出社会主义道德建设需要坚持广泛性①；秦志华（1987）在此基础上展开论述，表明需要区分党员干部与普通群众的差异性，提出思想政治教育需要注重差异性和层次性②。自此，思想政治教育的差异性研究得到进一步重视。李爽（2009）首次正式将分众化理念运用于思想政治工作中，并指出分众化思想政治工作强调思想政治工作的受众是不同类型的群体，要根据不同群体的不同特点，有针对性地开展相关工作③；李凯灿（2010）将分众化理念与马克思主义大众化相联系，并表明马克思主义大众化教育分众化应该划分不同的受众层面④；赵勇、王金情（2012）表明思想政治教育工作需要从人的实际需

① 邱真. 社会主义道德是先进性同广泛性相结合的道德［J］. 学术交流，1986（6）：1-4.

② 秦志华.《矛盾论》和道德建设的“先进性”与“广泛性”的统一［J］. 中国人民大学学报，1987（4）：58-59.

③ 李爽. 思想政治工作的分众化理念［J］. 思想政治工作研究，2009（12）：10-12.

④ 李凯灿. 以分众化理念推进马克思主义大众化［J］. 思想政治工作研究，2010（9）：34-36.

要出发来彰显针对性①；冯培（2015）提出在大学生思想政治驾驭话语体系转化与创新时必须坚持分众化②；陈慧军、平章起（2019）认为新时代思想政治教育精准化具有“为国育才”“为党育才”两方面的价值③，需要区别看待。具体而言，分众化具有以下几层意蕴：第一，分众化是一种分层思维，通过研判和分析受众群体，精准化区分受众群体。不同于普遍化的笼统整体视角，分众化强调差异化思维。第二，分众化是在分层的基础上对不同受众群体的精准把握，分众的目标是更好地提升效果，通过综合运用各种方式对受众实现具体把握。第三，分众化实际上既是一种动态过程也是一种结果状态，代表着事物分类后的规则有序状态。

大学生主题教育是一项意义重大的时代课题，进入新时代以来，部分高校思想政治教育研究工作者越来越关注大学生主题教育工作的发展，围绕大学生主题教育开展理论研究的氛围愈发浓厚，形成的理论研究成果日益丰硕④。主要代表著作有沈壮海的《大学生主题教育》、张建中的《点亮青春梦想：大学生主题教育读本》、孙正林的《当代大学生主题教育研究》、彭昱的《当代大学生德育中主题教育模式的理论与实务探析》、张舰月的《向青春致敬 新时代大学生主题活动案例》、高玲的《大学生主题教育体系的路径创新》、许玫的《大学生主题教育案例解析》、安徽大学生思想动态分析研究中心（滁州学院）的《新时代高校辅导员精彩主题班会设计方案集萃》、刘淑慧的《新时代大学生主题班会设计与实施策略》等10余部高水平的学术专著，很多学者也发表了诸多高质量学术论文，为新时代大学生主题教育提供了丰硕的理论支撑与学术指引。

大学生分众化主题教育是高校思想政治工作守正创新的重要举措，是新时代加强和改进大学生思想政治教育的现实需求。2020年4月，教育部等八部门联合印发《关于加快构建高校思想政治工作体系的意见》（教思政〔2020〕1号），提出了要构建理论武装体系、学科教学体系、日

① 赵勇，王金情. 人的需要差异与思想政治教育的针对性［J］. 江苏社会科学，2012（S1）：62-66.

② 冯培. 对象化，分众化，互动化：谈谈大学生思想政治教育话语体系的转化与创新［J］. 北京教育（德育），2015（11）：4-5.

③ 陈慧军，平章起. 论新时代精准思想政治教育的逻辑向度［J］. 学术论坛，2019，42（5）：140-148.

④ 王火利. 大学生主题教育研究［D］. 武汉：武汉大学，2019.

常教育体系、管理服务体系、安全稳定体系、队伍建设体系、评估督导体系等七大思想政治工作体系，在理论武装体系中强调要“推动理想信念教育常态化、制度化，加强党史、新中国史、改革开放史、社会主义发展史教育，加强爱国主义、集体主义、社会主义教育”“定期举行集体升国旗、唱国歌仪式，有效利用重大活动、开学典礼、毕业典礼、重大纪念日、主题党团日等契机和重点文化基础设施开展爱国主义教育”；在日常教育体系中，强调要“把思想政治教育融入社会实践、志愿服务、实习实训等活动中，创办形式多样的‘行走课堂’。健全志愿服务体系，深入开展‘青年红色筑梦之旅’‘小我融入大我，青春献给祖国’主题社会实践等活动”。2021 年 7 月，中共中央、国务院印发了《关于新时代加强和改进思想政治工作的意见》，将“显性教育与隐性教育、解决思想问题与解决实际问题、广泛覆盖与分类指导结合起来”作为新时代加强和改进思想政治工作的方针之一，并强调了要通过主题宣传、主题实践、先进典型示范引领等方式推动新时代思想政治工作守正创新。2023 年 2 月，教育部思想政治工作司发布年度工作要点，提出要深入实施“时代新人铸魂工程”，精心组织开学系列教育引导活动，例如，以上好“开学第一课”为重点，在春季学期全覆盖、立体化精准开展系列教育引导活动；入校前，引导学生做到健康状况早知道、防疫措施早知道、开学安排早知道；入校后两周，组织上好校领导“开学第一课”“开学第一次主题班会”；入校后一段时间，推动高校做到学生实践起来、校园文化活跃起来、师生互动密切起来、心理健康教育贴近起来、就业指导走实起来，深入开展“小我融入大我 青春献给祖国”社会实践，推动学校小课堂和社会大课堂紧密联动、师生共同参与，全方位构建社会实践和志愿服务育人体系。

可见，大学生分众化主题教育实际上是基于矛盾的特殊性原理设计的，马克思主义人学理论、唯物辩证法的分众理念为分众主题教育的形成提供了理论来源①，其根本任务是维护党中央的权威和统一领导，贯彻党的路线、方针、政策，帮助大学生建立起对中国特色社会主义的高度自觉与自信。新时代大学生分众化主题教育，是高校聚焦立德树人根本

① 韩职阳. 分众思想政治教育的理论来源及价值意蕴 [J]. 现代商贸工业，2023，44 (3)：43-45.

任务，坚持以学生为中心，以习近平新时代中国特色社会主义思想为指导，以社会主义核心价值观为引领，以理想信念教育为核心，以爱国主义教育为重点，以公民道德建设为基础，以大学生全面发展为目标，以形式多样、内容丰富的主题教育课堂教学与实践育人活动为主要载体的对大学生开展分主题、分阶段、分类别的递进式、层级化日常思想政治教育活动。

二、大学生分众化主题教育的丰富内涵

新时代的大学生思想政治教育具有丰富的时代内涵，要求始终坚持以学生为中心，契合大学生思想特点和发展需求，促进大学生德智体美劳全面发展；遵循思想政治工作规律、教书育人规律、学生成长规律，优化内容供给、改进工作方法、创新工作载体；充分发挥课程、科研、实践、文化、网络、心理、管理、服务、资助、组织等方面工作的育人功能；深入实施“时代新人铸魂工程”，精心组织开学系列教育引导活动；坚持广泛覆盖与分类指导相结合，通过主题课程、主题实践、主题班会、主题宣传、先进典型示范引领等方式进行守正创新。

（一）坚持以学生为中心

新时代背景下，分众化大学生主题教育具有重要的战略地位，需要牢记“立德树人，德育为先”的教育目标。在高校教育管理工作中，“以学生为本”的理念是将大学生视为教育的核心，突出被教育者的主体地位，能够设身处地站在被教育者的位置上，替受教育者思考，让学生成为教育的主体，充分调动学生的自主性与积极性。在大学生主题教育工作中，应明确主题教育说到底是为大学生服务的。在开展主题教育活动应前明确以学生为中心，即该为学生做什么，能为学生解决什么，以及怎么帮助学生解决。通过遵循以学生为本的教育理念，主题教育能帮助大学生在自主探索世界的过程中形成正确的价值观，使大学生具备应对外部世界艰难险阻的能力，进而成长为新时代具有综合素质的青年①。大学生主题教育工作是以受众为主体的教育活动，应根据大学生的多样性

① 陈林如. 新时期高校学生思政教育管理新模式［J］. 销售与管理，2020（12）：56-57.

实施分众化教育。每一个学生都是一个独立的个体，有自己独特的个性和价值判断，这也就意味着大学生群体之间存在着一定的差异性，需要进行差异化教育。因此，开展大学生主题教育需要分众化处理，教育者应该根据大学生的不同特点和个性，进行准确分类，分析了解不同类别大学生的内在需要及现实需求，进而因材施教，有针对性地提升大学生思想政治素质。

（二）坚持分层分类引导

在进行大学生分众化主题教育设计时，需要充分考虑新时代思想政治工作的主旋律以及新时代大学生的实际需求，并据此开展分层分类教育引导。大数据时代增加了大学生主题教育的难度，在实际主题教育工作中，须针对学生群体的实际情况，实施分层分类引导。新媒体传播的背景下，大学生获取网络资源的方式更便捷，但同时少数意志不坚定的大学生也更容易受到网络舆论的影响，很容易出现价值评判错位的情况。倘若教育者在开展主题教育的过程中重数量而轻质量，重形式而轻内涵，重过程而轻效果，全然不顾不同类型大学生的实际需求，那价值追求方面的矛盾就会被进一步激化，部分教育对象会将主题教育视为空有形式而没有内容的作秀，产生不了实际的获得感。需要注意的是，当前大学生群里多为 00 后，这一阶段的大学生生理发育已经基本完成，但心理尚未完全成熟。这一时期的部分大学生情绪稳定性相对较差，普遍缺乏社会经验，情绪比较容易受到外界环境的影响，面对网络时代各类纷繁复杂的信息，尚不完全具备明辨是非的能力，对意识形态的认知容易走偏走岔，从而迷失人生的方向。大学生正处于世界观、价值观、人生观塑造的黄金阶段，亟须正确价值观念的引导。这就要求教育者在设计主题时需要学会分层分类引导，遵循不同大学生的思想心理发展现状，分类教育不同价值取向的学生，帮助不同类型的学生弄明白“是什么”的问题，还能让他们知道“为什么”以及“怎么做”，这是兼顾不同类型大学生的思想政治教育守正创新的新型教育模式。

（三）始终聚焦学生全面发展

教育的厚度在于爱的深度和温度，教育的效度在于人的成长与发展。大学生是活生生的人，是有思想、有感情、有志向的青年人，他们思维活跃、情感丰富、兴趣爱好广泛、个人发展诉求多元、多样，他们需要的是充满着无私关爱的思想政治教育。大学生分众化主题教育，要坚持以立德为根本，以树人为核心，以学生多样化的个性特点为基础，以满足学生多方面的成长发展诉求为导向，以学生发展为宗旨，促进大学生德智体美劳全面发展。高校要以主题教育为契机，加快构建德智体美劳全面培养的“五育并举”教育体系。一是坚持德育铸魂。通过对象聚焦、主题突出、特色鲜明的思想政治教育活动，对大学生开展深入浅出的社会主义、爱国主义与集体主义教育，不断增强他们对中国特色社会主义的道路自信、理论自信、制度自信、文化自信，全面加强大学生社会公德、职业道德、家庭美德和个人品德教育。二是坚持智育求真。加强学风建设与学业辅导，组织学生参与各类学科专业竞赛及课外学术作品竞赛，强化专业指导与科研能力培养，全面提升学生专业知识技能与综合素质。三是坚持体育强身。组建多门类体育俱乐部，举办多类别体育赛事，鼓励和支持大学生参与各类体育活动，培养体育健将，锻炼身体、锤炼意志、强健体魄，提升学生体能素质。四是坚持美育怡情。举办美育主题特色活动，鼓励和支持学生参与文学、戏剧、音乐、舞蹈、美术、摄影、书法、曲艺等各类文艺作品创作和生产，全面提升大学生美育素质与创造美的能力。五是坚持劳育为荣。组织大学生积极参加科学研究、技术发明、生产劳动、家庭劳动、社会劳动、创新创业等主题劳动活动，培养扎实的劳动知识、娴熟的劳动技能与勤奋的劳动习惯，通过对大学生德智体美劳综合素质的全方位培养促进他们全面发展。

三、大学生分众化主题教育的时代特征

（一）鲜明的政治导向性

大学生分众化主题教育是思想政治教育工作的重要方法，它不仅具有教育活动的普遍性质，也受教育的意识形态影响，具备政治性特点。正如马克思在《共产党宣言》中指出的那样：“你们的教育不也是由社会决定的吗？不也是由你们进行教育时所处的那种社会关系决定的吗？不也是由社会通过学校等进行的直接的或间接的干涉决定的吗？共产党人并没有发明社会对教育的作用，他们仅仅是要改变这种作用的性质，要

使教育摆脱统治阶级的影响。”① 这段话说明了社会的意识形态会对教育产生影响，教育与意识形态之间存在着密切联系，教育是意识形态之下的教育，受意识形态指引。在促进个人成长和社会发展的过程中教育发挥了重要作用，因为每个人都生活在具有意识形态的社会中，所以其所接受的教育也会受到意识形态的影响，具有一定的政治性。邓小平同志曾指出，“提高教育质量，提高科学文化的教学水平，更好地为社会主义建设服务”。这也就说明，高校的分众化主题教育工作必须把政治立场放在第一位，主题教育是意识形态下的主题教育，是为国家发展所服务的。任何分众化大学生主题教育的开展都必然具备一个基础前提，那就是尊重和认同社会主义，相信共产主义，坚持中国共产党的领导，为社会主义建设培养接班人。因此，大学生分众化主题教育的开展必须与国家主张的意识形态相一致，政治性是主题教育最本质的特征。

（二）受众的教育针对性

一般来说主题教育的主题具有广泛性，涉及社会的方方面面，内容丰富，种类繁多，包含着许多方面，如长征精神、雷锋精神等在内的红色精神，包括党史、新中国史、改革开放史、社会主义发展史在内的四史教育，以及各个时代优秀楷模的榜样教育等等。如果没有分众化设计，容易导致其缺乏精准性，落入千篇一律的俗套，教育效果自然也难如人意。一直以来，高校思想政治教育的开展形式受到多方因素制约，开展形式受限，多被冠以“水课”以及“形式主义”的标签和帽子，这不仅于思想政治教育的质量提升无益，甚至与思想政治教育的初衷背道而驰。而分众化主题教育因材施教，面对不同的学生聚焦不同的主题，凸显教育重点。相较于一般的大学生主题教育，大学生分众化主题教育更具有针对性和精确性。分众化是大学生主题教育工作针对性提高的重要举措，能够实现对教育对象的精准投送。我国著名教育家陶行知在强调教育针对性时举过一个例子，“松树和牡丹需要的肥料不同，用松树的肥料培养牡丹，牡丹会瘦死；反之，用牡丹的肥料培养松树，松树也受不了，会被烧死”②。这个例子充分说明了针对性教育的重要性，这一特点直接影

① 马克思恩格斯选集：第 1 卷［M］. 北京：人民出版社，2012：418.

② 周洪宇. 陶行知生活教育学说［M］. 武汉：湖北教育出版社，2011：237.

响教育工作能否产生实效。在设计大学生分众化主题教育活动时应该针对教育目标来确定教育主题，针对教育对象确定教育内容，针对教育实效确定教育方法。分众化主题教育根据不同类型大学生的性格特点、价值取向、发展需求进行分类并因材施教，对不同类型的大学生展开差异化的主题教育。针对不同的教育受众，分众化主题教育能做到量体裁衣，彰显教育的针对性。

（三）主题的内容聚焦性

所谓聚焦性就是突出主题，防止眉毛胡子一把抓，过于泛化主题内容。分众化主题教育是根据不同类型的大学生群体选择主题并围绕着特定主题开展的教育活动，教育主题是主题教育活动设计的核心。例如，党的十九大以来，全国范围内广泛开展“习近平新时代中国特色社会主义思想”主题教育，让学生聚焦学习这个指导思想的科学内涵和精神实质，无论设计什么类型的主题教育活动都充分聚焦于“习近平新时代中国特色社会主义思想”这个教育主题，以此提升学生对中国特色社会主义制度的认同，坚定对中国特色社会主义道路的信念。这一教育主题既是主题教育工作的根本任务，也是贯穿主题教育工作的鲜明主线，是主题教育聚焦性的具体表现。需要明确的是，分众化主题教育的聚焦性并不意味着狭义化主题教育，而是具象化教育主题。以“中国梦”这一主题教育为例，很多教育者把“中国梦”当作可以承载一切教育内容的万能主题，不问形式、对象、内容、目的，一律冠之以“中国梦”的帽子，虽然从表面上看相关衍生活动接踵而至，但学生从中收获的知识却非常有限①，甚至在多次主题教育之后，学生仍对这一概念一知半解，这说明了分众化主题教育内容聚焦性特征的重要性。主题教育活动的开展始终聚焦于教育主题，在主题的框架下进行相关教育活动。

（四）载体的灵活多样性

大学生分众化主题教育是一种动态教育模式，教育载体随着时代发展而变化，所以分众化工作并不是一劳永逸的，而是需要在主题教育建

① 李承安. 新时代大学生中国梦主题教育路径新探［J］. 宁波开放大学学报，2022，20（3）：116-119.

设过程中不断更新与完善，也就是说分众化本身就是一个持续的动态过程。在新媒体时代，大学生分众化主题教育的载体一直在动态化发展，如借助多媒体资源丰富授课形式，摒弃传统教学模式中仅靠文字和教师讲述的单向传播局面，用视频、网页、H5、AR、VR等多种高科技手段让课堂变得更有趣，内容更多彩。与此同时，新时代能够提供建设信息化课堂的科学技术支持，依托互联网开展线上线下联动式教学，让课堂的范围变得更广阔，授课的内容自然也就更丰富，学生对课堂知识的接受程度也会与之成正比增长。分众化主题教育不仅是一项教育活动，更是围绕着特定教育主题对课程教育、文化熏陶、实践锻炼、志愿服务、网络育人等教育载体综合利用的教育过程。

第二节　新时代大学生分众化主题教育的功能价值

新时代大学生分众化主题教育既是对高等教育理论革故鼎新的积极探索，也是对思想政治工作守正创新的生动实践，对于增强大学生思想政治教育工作实效性，实现思想政治、教育理论与社会实践的结合，加强大学生综合素质拓展和丰富大学校园精神文化生活具有重要意义。总体而言，新时代大学生分众化主题教育具有重大的学术理论价值和实践应用价值，有利于推动“多元化”高等教育理论创新，有利于构建“一体化”思想政治工作体系，有利于打造“特色化”人才培养精品课程，有利于培养“多样化”新时代高素质人才。

一、分众化主题教育理论探索，有利于推动“多元化”高等教育理论创新

高等教育是人才培养体系的高阶端点，是向社会输送人才的直接出口，高等教育的质量决定人才培养水平。理论创新离不开实践的发展，理论与实践的统一是成功促进实践发展的必要条件，也是成功开展理论教育的基本保证。毛泽东在《实践论》中指出：“实践是检验真理的唯一标准。”① 教育实践是思想政治教育理论产生与发展的决定因素，更是展

① 毛泽东．实践论［M］．北京：人民出版社，1975：12.

开思想政治教育的有效途径。主题教育活动作为我们党和国家开展思想政治工作的重要方式，被广泛应用到各种群体性教育活动之中，特别是广大大学生的思想政治教育活动当中，是被实践证明的有效的思想政治教育形式。大学生分众化主题教育根据不同学段、不同年级、不同学生群体多样化学习发展需求，积极探索针对性、实效性较强的分众化思想政治教育新规律、新路径、新体系、新模式，以理想信念教育为核心，以爱国主义教育为重点，以思想道德建设为基础，以大学生全面发展为目标，是高校深入开展大学生思想政治教育的实践形式。

大学生分众化主题教育所形成的分众化、主题式的一系列教育理论，有利于推动“多元化”高等教育理论创新。一是有利于健全大学生教育教学理论。从教育学、心理学等学科角度，对多主题、分类化、层级式的大学生分众化主题教育进行教育理论、教育实践、教育案例的综合分析与研究，有力揭示了大学生成长发展规律和教师教书育人规律，形成了大学生教育教学新的理论范式与研究成果，进一步健全了大学生教育教学相关学科理论。二是有利于丰富高校思想政治工作理论。从贴合学生成长发展需求角度，以分众化主题教育为核心，将大学生分众化主题教育置于“大思政”背景下进行递进式、多维度、全方位的系统研究，对大学生思想行为发展变化规律和高校思想政治工作规律进行深入探索和研究，形成了包括大学生分众化主题教育的理论渊源、时代内涵、功能价值、发展趋势与行动策略等一系列理论成果，进一步丰富了高校思想政治工作理论。三是有利于形成中国特色的学术话语体系。始终坚持以马克思主义中国化时代化理论为指导，将分众化主题教育作为加强和改进新时代大学生理论信念教育和爱国主义教育的主要媒介手段，充分弘扬社会主义核心价值观，有效传承中华优秀传统文化，切实提升大学生思想政治教育的精神指引与内容滋养，形成植根中国大地开展大学生分众化主题教育的新思想新理论新模式，着力打造具有中国特色的大学生主题教育学术话语体系。

二、分众化主题教育实践探索，有利于构建“一体化”思想政治工作体系

大学生思想政治教育活动是落实立德树人根本任务、培养新时代新人的重要载体和重大举措，影响着大学生个人的思想观念、价值取向和

精神风貌。当前，大学生思想政治工作体系，还存在着常规制度不健全、思政主题随机性比较大、课堂形式老套、活动内容不够鲜活、形式不够丰富、程序不够规范、主题不成系列、管理不够健全、受众聚焦性不明确、育人意识不强、引导性不足、针对性不够等问题。大学生分众化主题教育是在高校“大思政”框架体系中进行理论分析与实践探索的，是思想政治工作体系中的重要一环。大学之本，在于育人，可以说育人功能是大学生主题教育活动的首要功能。作为大学生思想政治工作体系的重要环节和顺应高校思想政治工作发展的重要举措，分众化主题教育活动以分众化的形式，聚焦学生特点，进行分类分组式管理，分散设置教育主题，展开针对性教学，有助于引导高校教师更深层次地思考主题教育活动的育人理念、内容形式、方法手段、管理规范方面的问题，并结合大学生身心发展规律，改进主题教育教学方面的问题与不足，防止主题活动实施过程中的形式化、表面化，提升主题活动在育人中的思想性、理论性和亲和性、针对性。大学生分众化思想政治教育主题活动将思政课的理论性、知识性、统一性与日常思想政治教育的实践性、价值性、灵活性相融合，与高校课程育人、科研育人、实践育人、文化育人、网络育人、心理育人、管理育人、服务育人、资助育人、组织育人等各项工作相结合，进一步健全完善了高校思想政治工作体系，并用主题教育提升了高校思想政治工作各方面各环节各流程的思想引导力和教育影响力，促进了高校思想政治工作内涵发展与质量提升，为高校“一体化”思想政治工作体系构建增添了新内容与新活力。

三、分众化主题教育课程建设，有利于打造“特色化”人才培养精品课程

课程育人是高校思想政治工作十大育人体系之一，也是大学生分众化主题教育的重要载体，不管是思政课程，还是其他学科课程，都可以融入主题教育内容，从而形成具备不同专业学科育人优势的大学生分众化主题教育课程体系。当前，我国大多数高校对大学生开展主题教育的形式主要以班会、党支部会、团支部会、特色党团日、社团活动、户外实践、志愿服务等为主，具有零散性、短期性和阶段性，在规范化组织和科学化施教方面还存在很大短板，需要以规范化的课程标准予以进行建设。新时代大学生分众化主题教育将特色主题教育课程体系建设作为

主要内容，充分发挥高校各门学科专业育人优势，结合各培养单位育人实际及学生发展需求，积极探索能够满足不同专业学生发展需求的分众化主题教育课程模块，并在课程标准、教材、讲义、PPT、微视频等教育教学资源方面加大建设力度，着力创建包括校史校情教育、校纪校规教育、安全稳定教育、文明礼仪教育、生态文明教育、理想信念教育、社会责任感教育、心理健康教育、生涯规划教育、学业辅导教育、校风学风教育、学生资助教育、创新创业教育、就业指导教育、劳动实践教育、网络思政教育、党团骨干教育、廉洁教育等在内的新时代大学生分众化主题教育课程体系。这些分众化主题教育课程，均根据不同学段、不同年级、不同学生群体类型开展分层分类教学，为学生提供特色化主题教育课程套餐，供大学生自主选修学习，实现自我教育、自我管理、自我服务，极大提升了大学生对于主题教育课程的参与度与满意度，进一步丰富了高校人才培养课程体系，有利于提升高校人才培养质量。

四、分众化主题教育深入实施，有利于培养“多样化”新时代高素质人才

当代大学生思想开放、思维活跃，思想可塑性强，这是提升大学生思想政治素质的坚实基础；个性鲜明、追求自我，主体化意识强，这是激发大学生思想政治教育活力的源头活水；理想务实、关注得失，自我保护欲强，这是增强大学生思想政治教育实效的关键所在；信息面广、猎奇心重，探索求知欲强，这是推进大学生思想政治教育创新的有生力量。同时，大学生群体思想的“易变性”，要求思想政治工作及时掌握他们的思想行为动态；选择的“功利性”，要求思想政治工作切实加强他们的人生价值引导；圈层的“小众性”，要求思想政治工作深度融入他们的特有文化圈层；网络“依赖性”，要求思想政治工作大力帮助他们回归现实世界。当代大学生群体身上所体现出的独有的思想行为特点，既是当前高校思想政治工作所面临的新问题与新挑战，也是高校思想政治工作创新发展的新契机与新机遇。高校思想政治工作者要善于深入挖掘和充分利用大学生群体思想行为特点的积极方面，将其作为提升思想政治工作质量的宝贵机遇，同时也要正确对待大学生群体思想行为特点的消极方面，做到迎难而上、因势利导、有教无类和因材施教，切实加强大学生思想行为引导。新时代大学生分众化主题教育，坚持以习近平新时代

中国特色社会主义思想为指导，紧紧围绕高校立德树人根本任务，始终坚持以学生为中心，针对不同年级、不同类型学生群体主题教育的教育理念与思路、教育内容及重点、教育载体与方法等进行了分层化、分类化、分级化比较研究，对主题教育中的德育、智育、体育、美育、劳育进行了系统优化设计，着力构建了德智体美劳“五育并举”的大学生分众化主题教育体系，有助于促进大学生德智体美劳全面发展，为党和国家培养德才兼备的堪当大任的时代新人。

第三节　新时代大学生分众化主题教育的基本原则

新时代大学生分众化主题教育原则，指的是在开展大学生分众化主题教育的过程中正确处理各种关系、问题和矛盾所依据和遵循的基本准则。它贯穿于新时代大学生分众化主题教育的全过程，渗透于大学生分众化主题教育的各个环节。新时代大学生分众化主题教育需要处理多方面的复杂关系、开展多种多样的实践活动，且处理不同活动时需要遵循不同的准则，因而大学生分众化主题教育的原则是多元的，主要有旗帜鲜明的导向性原则、以人为本的主体性原则、知行合一的求实性原则、因材施教的个性化原则、奖惩并用的激励性原则、疏导结合的渗透性原则、融会贯通的发展性原则。正确地依据和遵循大学生分众化主题教育的基本原则，对顺利开展大学生分众化主题教育活动并取得预期成效具有重要意义。

一、思想性与科学性相统一的原则

新时代大学生分众化主题教育要坚持思想性与科学性相统一的原则。旗帜鲜明的导向性原则体现了新时代大学生分众化主题教育鲜明的思想属性和政治立场。理直气壮、开诚布公地开展大学生分众化主题教育既要坚持正确的思想方向，又要遵循科学的教育规律，实现合目的性与合规律性的统一，进而为大学生成长成才提供方向引领和奠定科学基础。一方面，新时代大学生分众化主题教育要坚持思想性原则。开展大学生分众化主题教育，须坚持正确的政治方向和政治立场不动摇，应始终坚持以马克思主义为指导，始终与中国特色社会主义的发展要求相一致，坚持社会主义和共产主义方向，并与中国共产党的根本宗旨、基本纲领、基本路线保持一致，坚持集体主义的价值取向，批判和抵制各种错误社会思潮。站在新时代的历史方位，大学生分众化主题教育应牢牢把握“学思想、强党性、重实践、建新功”的总要求，教育和引导大学生不断学习领会习近平新时代中国特色社会主义思想，全面把握这一思想科学的世界观与方法论，推动大学生更加深刻领悟“两个确立”的决定性意义，增强“四个意识”，做到“两个维护”，并坚持学思贯通、知行统一，不断增进对党的创新理论的政治认同、思想认同、情感认同，把习近平新时代中国特色社会主义思想转化为坚定信念、指导实践、推动工作的强大力量，真正把马克思主义看家本领学到手，自觉用习近平新时代中国特色社会主义思想指导学习和生活，并从其中汲取奋发前进的智慧和力量。另一方面，新时代大学生分众化主题教育要坚持科学性原则。大学生分众化主题教育的科学性原则要求其遵循社会历史发展的规律性、分众化主题教育的客观规律性、人的思想活动的规律性，并克服开展分众化主题教育的盲目性和随意性。作为思想政治教育的具体形式和重要载体，大学生分众化主题教育要“服从服务于统治阶级主导意识形态的维护与灌输以及受教育者思想品德的形成与发展”①，既要把握社会历史发展的正确方向，也要把握大学生思想变化发展的正确方向，教育引导大学生成为合乎社会要求的社会成员。在开展大学生分众化主题教育的过程中，必须将坚定的原则性与方法的灵活性结合起来，努力使教育主题渗透至大学生日常学习生活之中，进而潜移默化地影响大学生的思想观念、政治观点、道德品质和行为方式。

二、主导性与主体性相统一的原则

新时代大学生分众化主题教育要坚持主导性与主体性相统一的原则。大学生分众化主题教育在坚持教育者主导地位的同时，要充分尊重大学生在分众化主题教育活动中的主体地位，将关心人、尊重人、激励人、引导人放在首要地位。一方面，新时代大学生分众化主题教育要坚持主

---

① 李辽宁. 关于思想政治教育基本规律的思考［J］. 思想教育研究，2021，325（7）：39-44.

导性原则。主导性指的是“规定性和指向性，也就是在诸种事物或现象的关系中，其中有一种事物或现象居于主导地位，对其他事物或现象起着指导、引导、领导、统领的作用，规定着其他事物或现象的性质和发展方向，进而也就规定着所有事物或现象构成的整体系统的性质和走向”①。在大学生分众化主题教育活动中，教育者作为“思想政治教育过程的组织者和引导者”②，对大学生的思想观念、政治观点、道德品质和行为方式的形成和发展起着重要指导作用，因此其主导地位不容忽视，若片面夸大自我教育的作用而否定教育者的主导地位的观点是错误的、有害的。开展大学生分众化主题教育，教育者要采取内容针对性强、活动新颖、学生乐于参与的多样化形式，在与教育者的双向互动中引导和促进教育对象的全面发展。另一方面，坚持主体性原则。大学生分众化主题教育的对象是思维活跃、精力充沛、自我意识强的大学生，因此要尊重大学生的主体地位，完善其自身的思想品德和个性特点的自主建构活动，调动其自我教育的积极性以达到大学生分众化主题教育的目的。苏霍姆林斯基指出：“一个少年，只有当他学会了不仅仔细地研究周围世界，而且仔细地研究自己本身的时候；只有当他不仅努力认识周围的事物和现象而且努力认识自己的内心世界的时候；只有当他的精神力量用来使自己变得更好，更完善的时候，他才能成为一个真正的人！这里说的就是学生在精神生活的一切领域里的自我教育。”③ 大学生分众化主题教育作为教育主体和教育对象进行思想、情感双向交流沟通的实践活动，是在充分发挥教育者主导作用和调动教育对象能动作用相辅相成的过程中实现的，要多维度激发大学生在主题教育活动的动机和需求，并将这种渴望和追求转化为主动教育的自觉性和积极性。“实践表明，教育者的主导作用发挥得越好，受教育者的主体能动性就越能得到充分调动。”④开展大学生分众化主题教育要坚持主导性和主体性相统一的原则，既重

---

① 张耀灿，郑永廷．现代思想政治教育学［M］．北京：人民出版社，2006：200.

② 张耀灿，陈万柏．思想政治教育学原理［M］．北京：高等教育出版社，2001：245.

③ 苏霍姆林斯基．给教师的建议［M］．北京：教育科学出版社，1984：751.

④ 张耀灿，陈万柏．思想政治教育学原理［M］．北京：高等教育出版社，2001：212.

视外部的社会教育，又重视内省修养的自我教育，建立起教育者与教育对象平等互动、相互尊重的关系，以提高分众化主题教育的实效性。

三、理论性与实践性相统一的原则

新时代大学生分众化主题教育要坚持理论性与实践性相统一的原则。“理论若不和实践联系起来，就会变成无对象的理论，同样，实践若不以理论为指导，就会变成盲目的实践。”①《教育部等部门关于进一步加强高校实践育人工作的若干意见》（教思政〔2012〕1号）明确提出：“坚持教育与生产劳动和社会实践相结合，是党的教育方针的重要内容。坚持理论学习、创新思维与社会实践相统一，坚持向实践学习、向人民群众学习，是大学生成长成才的必由之路。”可见，新时代开展大学生分众化主题教育，要坚持理论指导与联系实际的统一，做到主观与客观相统一，认识与实践相统一。一方面，新时代大学生分众化主题教育要坚持科学理论指导。马克思明确指出：“如果没有严格的科学思想和正确的学说来号召工人，那就等于玩弄空洞虚伪的传教把戏，一方面是一个慷慨激昂的预言家，另一方面只是一些张着嘴巴听他讲话的蠢材。”② 理论是行动的先导。“学”是重要基础。必须高度重视理论学习，不断加强理论武装，把主题教育规定学的内容学好学透学扎实。在全面学、持续学、深入学、系统学中补足精神之钙，筑牢思想根基。马克思恩格斯针对党的领导和理论家还进一步指出：“特别是领袖们有责任越来越透彻地理解种种理论问题，越来越多地摆脱那些属于旧世界观的传统言辞的影响。”③开展大学生分众化主题教育要坚持以科学理论为指导的原则，不断提高大学生的思想素养和理论水平。此外，新时代开展大学生分众化主题教育要求全面学习领会习近平新时代中国特色社会主义思想，把握好习近平新时代中国特色社会主义思想的世界观、方法论，坚持好、运用好贯穿其中的立场观点方法，全面系统掌握这一思想的基本观点和科学体系。另一方面，

① 袁银传，韩玲．马克思关于理论教育的原则方法及其时代意义［J］．教学与研究，2007（11）：74-79.

② 中共中央马克思恩格斯列宁斯大林著作编译局．人间的普罗米修斯［M］．北京：人民出版社，1983：45.

③ 马克思恩格斯选集：第2卷［M］．北京：人民出版社，1995：636.

新时代大学生分众化主题教育要积极融入实践。“纸上得来终觉浅，绝知此事要躬行”，大学生分众化主题教育最显著的特征就是实践性。开展大学生分众化主题教育，不仅要凝心铸魂、武装头脑，更要指导实践、推动工作，依靠“干”字打开工作新局面，破解发展新难题。马克思在《黑格尔法哲学批判导言》中指出：“理论在一个国家实现的程度，总是取决于理论满足这个国家的需要的程度。”① 这就要求在开展大学生分众化主题教育的过程中，立足于大学生的思想实际和主题教育实际开展活动，并在实践中努力探求各要素之间的联系，既坚持科学的理论教育，也要与解决现实问题相结合，力求做到主观与客观相结合，认识与实践相统一。联系实际开展大学生分众化主题教育，不仅是提升大学生思想政治教育生动性、有趣性的重要方面，也是提升思想政治教育实效性的有效途径。在将新时代大学生分众化主题教育融入大学生学习的各个环节时，要探索理论与实践相结合的社会实践新机制，“在实践中熏陶思想感情、充实精神生活、提高道德境界、增长知识才干”②。理论与实际相结合的原则，不仅反映出理论与实际的正确关系，也反映出改造主观世界与改造客观世界的关系，因此，在开展大学生分众化主题教育的过程中，既要注重理论引导，又要注重实践教育，强调行为养成，实现知行统一。

四、整体性与层次性相统一的原则

新时代大学生分众化主题教育要坚持整体性与层次性相统一的原则。主题教育是一个由不同层次的目标和要求构成的丰富而完整的体系，是一个紧密联系、相互贯通的有机整体。它不是一个一蹴而就的活动，而是循序渐进、逐步提升、持续引向深入的过程。围绕大学生全面发展这一条主线，系统地开展分众化主题教育，既需要统筹谋划，坚持整体性推进，也应充分发挥各要素之间的功能，实现和风细雨式的教育，达到润物无声的效果。一方面，新时代大学生分众化主题教育要坚持整体性原则。大学生分众化主题教育不是孤立存在的，而是与大学生的学习、工作和生活紧密联系的，只有结合各项具体工作以及大学生的实际生活，

---

① 马克思恩格斯选集：第1卷［M］. 北京：人民出版社，1995：11.

② 梁枫，陈光曙. 大学生主题教育活动的内涵、特征及实施原则［J］. 学校党建与思想教育，2012，442（35）：59-60.

有的放矢地开展分众化主题教育，才能更为充分地发挥其作用。因此，开展大学生分众化主题教育要坚持整体与局部相统一的方法。首先，要加强协调，形成齐抓共管的教育格局。统筹内部各个要素，联动学校、家庭、企业、政府等主体，建立多方交流沟通的快速通道，并不断优化创新互动模式，形成良性协同效应。其次，建立健全大学生分众化主题教育的动力机制、协同机制、保障机制和评估反馈机制，进而形成稳定的、持续有效的长效机制。再次，要将分众化主题教育渗透至大学生日常生活的方方面面，对大学生实施全方位的潜移默化的影响。大学生分众化主题教育坚持整体性原则不仅有助于调动各方面的积极性，形成教育合力，还有助于将教育要求渗透至大学生的日常生活之中，对大学生实施全方位的潜移默化的影响。另一方面，新时代大学生分众化主题教育要坚持层次性原则。大学生作为主题教育的作用对象，由于先天的生理和心理素质上的差异以及后天环境的影响，在性格、年龄、能力、心理等方面存在差异，这就要求在开展主题教育活动时，要从学生实际出发，承认差异，根据教育对象不同的思想情况确定具体的教育内容，分层次进行教育。开展大学生分众化主题教育既要面向全体大学生展开统一部署和整体谋划，也要根据特定群体的特殊需求和个性发展制定主题教育内容。大学生分众化主题教育要分学段、分对象制定个性化的主题，紧扣大学生思想政治教育工作中的难点、热点、焦点、痛点问题，立足大学生的思想实际和个性特征，开展分众化主题教育。大学生分众化主题教育是“以特定思想为核心、以活动为载体、以特定对象为活动的参与者和受教育者，具有很强的针对性”①，针对处于不同层次的主体，提出不同的教育目标和要求，采取不同的教育内容和方式方法，以更好满足大学生发展不同方面的需要。依据大学生不同层次的群体特征，分众化主题教育应采取多样化的形式展开，例如讲座、报告、辩论、征文、社会实践、专题党团日活动、专题网站、主题演讲、宣传教育等活动形式。总之，大学生分众化主题教育要根据实际情况，直面客观存在的问题，并随着实际情况和学生发展实际不断调整主题教育的策略和方式，进而提升大学生分众化主题教育的实效性。

---

① 顾慕娴，陈玉冲，陈磊．大学生主题教育活动在思想政治教育中的运用研究[J]．广西教育学院学报，2010，107（3）：88-91.

五、正激励与负激励相统一的原则

新时代大学生分众化主题教育要坚持正激励与负激励相统一的原则。坚持运用正激励和负激励相统一的原则是提升大学生分众化主题教育实效性的重要手段，可以激发大学生的动机和热情，调节大学生的思想行为及其动机，调动大学生参与主题教育的积极性、主动性和创造性，有效实现分众化主题教育的目的，对于帮助大学生形成良好的行为习惯和思想品德具有重要意义。一方面，新时代大学生分众化主题教育要坚持正激励的原则。马克思、恩格斯指出"'思想'一旦离开'利益'，就一定会使自己出丑"①。物质利益是大学生分众化主题教育应遵循的重要原则，要使大学生分众化主题教育取得更好的效果，必须注重其与大学生实际利益的关联，将思想问题结合大学生实际生活，正确认识大学生所关心的热点问题和学习、工作、生活中的实际困难，解决实际问题，才会有比较坚实的群众基础。在帮助大学生解决实际问题的同时，要调动大学生内在的积极性，并善于抓住时机，适时适地开展主题教育。当大学生面临共同的问题时，思想问题往往比较集中，此时抓住热点组织开展大学生分众化主题教育活动，更容易收到好的效果。在帮助大学生解决思想问题与实际问题的时候，充分运用好口头表扬、榜样示范、事迹宣传、荣誉表彰、物质奖励等正激励手段，可以进一步强化大学生参与主题教育的良好动机，进而使大学生在采取正确行动时通过不断重复该行为而形成良好的行为习惯和思想品德素质。另一方面，新时代大学生分众化主题教育要坚持负激励的原则。思想政治工作者要善于运用批评和惩罚的负激励，通过法律法规和校纪校规教育、案例警示教育、批评教育、违纪处分、矫正教育等手段，及时中止大学生的不良行为，使其原有不良动机消退，并进一步引导大学生朝着社会所要求的方向前进。大学生分众化主题教育运用正激励和负激励相统一的原则对大学生的行为和动机进行有效调节，可以帮助大学生形成良好的思想品德和行为习惯，并引导他们将社会目标和个人目标有机结合起来，更好地朝着社会要求的方向发展，有助于他们早日成长为德智体美劳全面发展的时代新人。

---

① 马克思恩格斯文集：第3卷［M］．北京：人民出版社，2002：207．

六、民主性和示范性相统一的原则

新时代大学生分众化主题教育要坚持民主性和示范性相统一的原则。一方面，新时代大学生分众化主题教育要坚持民主性原则。大学生分众化主题教育应发扬民主，畅通言路，创造畅所欲言的氛围，这样才能使大学生分众化主题教育更多地了解大学生的实际情况，更好地把握大学生的思想行为特点，找到合适的教育办法和引导角度。“凡属于思想性质的问题，凡属于人民内部的争论问题，只能用民主的方法去解决，只能用讨论的方法、批评的方法、说服教育的方法去解决，而不能用强制的、压服的方法去解决”①，这就决定了大学生分众化主题教育必须坚持民主性原则，以便更好地解决大学生的思想认识问题。坚持民主性原则，并不意味着否定教育者和教育对象之间的关系，而是强调二者之间的平等关系，因此，教育者要采取各种措施，努力营造民主氛围，使大学生在分众化主题教育的过程中敢讲真话，愿讲真话，只有这样，教育者才能更深入地了解大学生的真实情况，集思广益，开展更有针对性的主题教育活动。另一方面，新时代大学生分众化主题教育要坚持示范性原则。为进一步将主题教育渗透和融入至大学生学习、生活之中，不仅要调动各方面工作人员参与的自觉性和主动性，进而形成综合作用力，还要注重发挥教育者自身的影响力与感染力，用教育者的模范行为对教育对象进行启迪和示范，用自己的实际行动和人格力量去影响、感召和带动大学生。在当下社会环境极其复杂、教育任务艰巨的条件下，发挥领导者特别是教育者在主题教育过程中的示范作用尤为重要，因此，教育者要身体力行，带头践行主题教育的价值观念和道德规范。正所谓“桃李不言，下自成蹊”，教育者以身示范是一种无言的教育力量，只有做到言传与身教的统一，教育者才能在大学生群体中树立威信，主题教育才有基础，思想引导才有力量。

七、多样性与创新性相统一的原则

新时代大学生分众化主题教育要坚持多样性与创新性相统一的原则。

① 毛泽东著作选读：下册［M］. 北京：人民出版社，1986：762.

一方面，新时代大学生分众化主题教育要坚持多样性原则。当前，大学生群体不同程度地存在政治信仰迷茫、理想信念模糊、价值取向扭曲、诚信意识淡薄等问题。新时代大学生分众化主题教育既要紧跟党的路线方针政策、国际国内形势、社会热点焦点，又要遵循大学生身心发展规律，根据不同层次大学生的群体特征、思想特点、心理需求、发展诉求，确定多样化的教育主题、内容及形式，特别是要深入研究大学生群体出现的新情况和新问题，牢牢抓住影响大学生思想观念、价值观点、行为方式形成发展的关键内容和重要环节，通过一系列主题教育的有效开展，切实解决大学生在思想、心理、学习、就业、创业等方面的实际问题。另一方面，新时代大学生分众化主题教育要坚持创新性原则。当前，大学生群体的思想特点和个性需求更加鲜明，在思想层面的活跃度、独立性和多变性日趋明显，这就要求在开展新时代大学生分众化主题教育的过程中，要不断探索新道路、研究新方法，增强大学生分众化主题教育的实效性。随着数字信息技术和人工智能技术的迅速发展，网络已成为开展大学生分众化主题教育活动的重要载体和育人阵地，大学生分众化主题教育应将网络中的大学生有效聚合起来，并占领网络舆论的制高点，在开放性的网络空间中向大学生传递社会主义先进文化、中华优秀传统文化，弘扬主旋律，传播正能量，并通过大数据、人工智能等新一代信息技术，追踪和分析大学生在网络中的留痕数据，为大学生进行精准化“数字画像”，进而根据大学生的兴趣爱好、思想倾向和行为特点选择更具针对性的教育内容和方式，不断提升大学生分众化主题教育的精准性和实效性。

第三章　大学生分众化主题教育的现实困境

当前，越来越多的高校越来越重视大学生主题教育，大学生主题教育在实际开展过程中也呈现出鲜明的时代特征和高校特色。但是，受限于个体认知和群体施策，当前对大学生主题教育的认识还存在不少认识误区，大学生主题教育在实行时也存在不少问题，本章讨论了这些认识误区和大学生主题教育所存在的问题，并对问题产生的原因进行了归因。

第一节　大学生分众化主题教育的认识误区

大学生主题教育是面向全体大学生开展的一系列有目的、有计划的教育活动，旨在全面培养学生的素质、能力。然而，当前高校在开展大学生主题教育的实践过程中存在着两个极端：一是内涵缩小化，把主题教育窄化为党和国家每次举办的主题教育，即认为主题教育就是“不忘初心、牢记使命”主题教育、党史学习教育、学习贯彻习近平新时代中国特色社会主义思想主题教育等；二是内涵扩大化，把主题教育泛化为一切教育活动，即认为所有锻炼学生能力、塑造学生个性，提升学生素质的教育活动都称为主题教育。以上两种认识误区导致了当前中国高校施行的主题教育更多关注较少数党员学生群体、如何过好组织生活、做好党组织开展的主题教育，而忽视了主题教育对其他学生能力、素质的培养；要么一味注重主题教育的覆盖面而忽略了主题教育本身应该是围绕特定的主题，开展的有组织、有计划的系列主题教育活动。

一、追求“整齐划一”，忽视“因材施教”

当前，某些高校大学生主题教育的教育内容过于单一，忽视教育对象由于专业、年级、思想行为特点的差异性而使用同样的教育素材、采用同一个教育模式。这样的主题教育虽然乍一看统一规范，但不能很好地满足学生个性化的发展需求和实际需要，同时也有违“以生为本、因材施教”的教育理念。学生的思想行为特点呈现出差异性，针对其开展主题教育也应有所不同。因此，高校应当尽量做到分层施教、梯度施教，即对各个学科专业的学生、有不同发展需求的学生、具备不同情况的学生开展不同内容的、采用不同方式的主题教育。

在开展大学生主题教育时应做到因人而异、因地制宜、量体裁衣。要根据主题教育的目标任务，有针对性地选取教育主题，根据教育对象的实际情况，有针对性地选择实施方式。我国高等学校种类、层次繁多，同一所学校里面有不同类型、专业、层次的学生，各自呈现出不同的思想特点和行为方式，要在坚持大学生主题教育基本原则的前提下，充分体现主题教育方式的针对性，根据不同类型、专业、层次的学生采取更具科学的方式开展大学生主题教育，做到以人为本、贴近学生、贴近实际，才能更好地提升大学生思想政治主题教育的实效性。

二、追求“指定任务”，忽视“专业融合”

当前，某些高校大学生主题教育与学科专业教育各行其道、完全脱离。大多数主题教育都是上级指派的任务，根据任务完成上级的相应要求，这样的主题教育虽然做起来精简省事，但缺乏与学科专业教育的有机联系，事实上已把自身孤立化、边缘化，不利于高校培养高层次应用型人才。此外，开展主题教育不结合专业特点就不可能真正满足学生的实际需要，主题教育就成了因为教育而开展教育，缺乏体系性，对学生的吸引力和感染力也会不足。因此，高校应将主题教育融入专业课程和实践教学之中，从而构建与应用结合、与学科交叉、与教学内容相衔接的大学生主题教育体系。

三、追求“理论灌输”，忽视“个体参与”

当前，很多高校的大学生主题教育还存在“重理论灌输，轻实践参与”的问题。大多数的主题教育多是以灌输式或权威式的方式呈现，即根据具体的教育任务和教育目标，将教育主体的思想和要求通过活动向教育客体进行灌输式的传递，期望能够根据教育主体拟定的教育目标，塑造教育客体。而随着信息技术的发展，教育主体权威式的教育受到了冲击，传统的师生主客体关系实现了解构和重塑。新型的教育关系应该由教育者主导向以教育者为主导、教育客体为主体的新型育人关系转变。大学生主题教育在实施过程中，教育者不再是单一的教育主体，教育者和教育客体都应该作为主题教育的主体，教育者在主题教育中担任主导主体，对受教育者和教育过程起着引导作用，受教育者是自身的主体，主动而不是被动地学习教育内容，对教育内容进行判断和选择，从而进行自我教育。同时，由于教育主客体借助的网络信息平台是相同的，获取信息的权利和机会是平等的，更需要建构教育主客体之间的平等互动关系，在这种关系中去开展大学生主题教育，教育主客体双方平等对话，在对话中相互影响、相互渗透。教育主客体间建构的双向互动关系，增强了主题教育主客体直接交流沟通的广度和深度，从而在实现大学生主题教育正向强化的同时，也让教育客体在交互式体验中提升自身的思想意识和道德素质、知识能力，最终转化为自觉主动的行为实践。

四、追求“形式多样”，忽视“感觉体验”

大学生主题教育“从组织形式上讲，有课堂教学、课外教育活动，有全校、院系、年级和班级等大小规模不同的活动，有党团、社团活动，有社会调查、生产劳动、志愿服务、公益活动、科技发表和勤工助学等社会实践活动等等”①。大学生主题教育的实施者可以根据主题教育的类型，灵活多样地选择具体的教育载体。当前，大学生主题教育的形式丰富多样，具体包括专题讲座、报告会等主题宣讲活动，知识竞赛、文艺演出等主题校园文化活动，志愿服务、“三下乡”等社会实践活动，主题班会、主题晚点名、主题网络文化活动等。尤其是随着信息技术的发展，主题教育的实施者能够运用各种信息技术开展形式多样的教育活动，如通过音频、视频、图片、幻灯片等多种形式组织教学；运用微博、微信，开展覆盖面广、影响力大的主题教育活动，还可以开发各种思想政治主题教育的文创产品；运用直播软件同步直播新生开学典礼、毕业生毕业

① 梁枫，陈光曙．大学生主题教育活动的内涵、特征及实施原则［J］．学校党建与思想教育，2012（35）：60.

典礼等。大学生主题教育形式、载体的多样性，能更好地增强主题教育的吸引力和感染力。但是，在实际开展过程中，往往为了形式而去做形式，忽视了学生个体的感觉体验。

大学生主题教育的体验性是指主题教育的实施者通过开展一系列的主题教育活动，创建真实、生动的教学情境，让教育客体在参与主题教育的过程中，结合较为直观的感受，潜移默化地接受教育，提升能力。大学生主题教育的体验性更强调关注教育对象的思想，重视直观感受，需要更好地去调动教育客体的知、情、意、行，在自主体验中培养积极性，促进个体发展。因此，在丰富大学生主题教育的体验性的同时，应更多关注教育对象，关注教育对象的实际需要，体验感受，选择适用于教育对象的内容和形式去开展大学生主题教育。

第二节　大学生分众化主题教育的主要问题

当前，大学生主题教育越来越受到党和国家以及各高校的普遍重视，运行和推广的力度也呈现出蓬勃发展的态势。随着信息化、智能化时代的来临，大学生的思想行为表现出不同的特点。00 后大学生接受能力强，善于思辨，敢于质疑，勇于创新，不再接受灌输式的、说理式的施教方式，更喜欢灵活多样的、形式新颖的教育方法。因此，近年来，党中央国务院、教育部以及各大高校都越来越重视大学生主题教育，在大学生主题教育实施的过程中更强调大学生主题教育实施的策略和途径，通过对学生的科学区分，分层分类地开展主题教育活动，以期更为精准地满足不同群体的不同需求。这种分众化的大学生主题教育在实际应用过程中取得了良好的效果，但是当前大学生分众化主题教育也存在一些不足，需要进一步改进完善。

一、功利化导致教育目的的偏离

所谓功利主义就是指把某种有用性作为一种价值和目标的行为和过程。大学生分众化主题教育的功利化体现在两个方面，一是教育主体在主题教育价值取向上的急功近利，体现在单纯地将主题教育作为意识形态教育的一种载体和工具，忽视对教育客体的全面发展进行长程规划设计，没有充分考虑如何为大学生的成人成才提供有效的教育供给和内容输出；二是教育客体内在思想意识和行为行动的功利化，体现在思想上的实用主义（为了奖励加分而参与，为了荣誉证书而参与，寻求短期内利益最大化）和行为上的直线性（参与能实现预期目的则认为该行为“值得”，否则“不值得”）。

“思想政治教育是指社会或社会群体用一定的思想观念、政治观点、道德规范，对其成员施加有目的、有计划、有组织的影响，使他们形成符合一定社会所要求的思想品德的社会实践活动。”① “现代思想政治教育不再是被动适应社会的功利性需要，成为社会统治者维护其正当统治的工具和手段。它的全部意义与终极目的就在于促进人自身的全面发展，其他的任何功能与价值都是从这里派生出来和得到解释的，并且也都是以此为其最终目的和归宿的。”②通过开展系列主题教育，以此实现对大学生的思想引领和价值引领，是其核心使命和重要任务。然而在主题教育开展过程中，一些思想政治工作者把主题教育看作单纯的思想灌输，过分强调政治教育的功利性价值而忽视主题教育的人格塑造价值，认为主题教育就是及时有效地将党和国家意识形态要求进行宣传灌输，没有从大学生个体全面发展的角度进行有效思考，开展的主题教育过多进行思想宣传与政治引导，没有有效地贴合大学生的生活实际、思想实际进行设计和开展。

二、传统化导致教育客体的隐遁

大学生分众化主题教育作为大学生日常思想政治教育的最基本途径和有效载体，在解决大学生思想政治教育的针对性和实效性问题上，起到了很好的作用，其自身的独特教育功能深受高校的欢迎，各高校围绕各级教育组织的要求和自身人才培养的需要开展了形式多样的主题教育，例如专业学习思想教育、大学生自主诚信教育、电信防诈骗安全教育等，而绝大多数的大学生对于自己高校开展的分众化主题教育是比较满意的，认为分众化主题教育的效果很好。但是仍然有部分大学生认为主题教育

① 陈万柏，张耀灿. 思想政治教育学原理［M］. 北京：高等教育出版社，2007：4.

② 张艳新，赖雪梅. 现代思想政治教育本质新论［J］. 探索，2005（5）：128.

效果一般。究其原因，大学生认为虽然当前各高校开展的主题教育形式比较传统，具体有三种表现，一是在具体活动实施开展过程中，主要采用“大水漫灌式”的理论宣传教育，以专家、教师面对面开展主题讲座、主题宣传为主，整个教育过程更多采用填鸭式、灌输式的教育方法，对教育客体的参与度和获得感以及后期的互动交流不足，表面上看是达到了主题教育的目的，实际结果上并未发挥主题教育的价值功能，使教育客体产生一种“例行公事”的感觉，公式化的操演和程序化的过场必将极大地削弱主题教育的效果和价值。二是在主题教育过程中使用了多样化的教育形式，例如课外小游戏、特色班会、特色晚点名、主题党团活动、宿舍团体评比、集体劳动周、体育兴趣比赛、知识竞赛等。这些主题教育形式，在激发大学生积极参与的同时，也传递着正向能量和创新思潮。然而，任何一种教育方式都不可能一成不变，它在被反复运用的过程中，也被要求创新模式和深化内容。大学生分众化主题教育，须立足于传统的教育方式，寻找新的突破口，以此走出约定俗成的教育方式。三是在新方法、新技术的应用上，更多选择微视频、微电影、慕课等常规可操作性的形式，只注重各类新媒体、新技术的好用性而非针对性和有用性，在主题教育开始前没有针对不同的主题教育内容提前设计，在主题教育开展过程中没有针对教育客体的差异和教育环境的差异进行新媒体、新技术的选择。这种相对传统的主题教育方法，教育客体代入感和参与感的消失，导致了教育客体身体的“隐遁”，从而导致他们精神的“隐遁”，教育客体呈现出一种人在心不在的“虚假参与”和“意识神游”，致使主题教育目标的实现成为一种空想。

三、局限化导致教育主体的缺失

教育主体是大学生分众化主题教育的重要组织者和推动者，在策划、筹备、实施、评估等各个阶段都发挥着极为重要的促进作用。大学生分众化主题教育要想健康有序地发展，必须要有一支专业化的高素质的思想政治工作队伍作为保障。通过访谈发现，现阶段大学生思想政治工作队伍并不健全，主要表现在两个方面。一是教育主体的大学生分众化主题教育的专业知识不足。大学生分众化主题教育只有以完备的专业知识作为指导，才能确保其在开展过程中有理有据。科学先进的主题教育专业知识可以有效地指导和促进主题教育实践，提升主题教育效果。当前，虽然大学生分众化主题教育日益受到党和国家的重视，但是其科学的知识理论体系仍然缺乏。主题教育的教育主体多为高校辅导员、党团干部，这部分思想政治工作者往往仅从自身工作领域去理解和实施主题教育，缺乏过硬的理论知识素养和高水平的教育实施技能，导致主题教育的专业知识保障不足。二是教育主体在主题教育中创新应用不足。部分教育主体习惯用传统的面对面讲授、开展讲座等方式开展主题教育，忽略了信息技术在大学生主题教育中的运用。大学生分众化主题教育的开展是建立在教育客体的思想行为特点基础之上的。这就需要对教育客体的相关数据信息进行收集，教育主体需要保持对数据的敏感性，对教育实施过程中的关键数据要有识别度和关注度，而部分主题教育的教育主体多为文科背景，对信息技术不敏感，掌握并使用信息技术手段存在困难，对信息技术的理解往往停留在理论层面，缺乏实践经验。

四、分散化导致教育资源的割裂

随着互联网、物联网、云计算、大数据等信息化技术的发展，主题教育资源数量越来越多，这些教育资源以不同的形态分散分布在不同地方，在利用的时候必须加以整合。以微博、微信、微视、易班、知乎、B站等新媒体平台所创造的教育资源为例，因为各类平台各有优劣和发展侧重点，吸引了不同年龄段和不同特点的师生关注，逐步显现出平台力量分散、信息传播分散和受众用户分散等特点。分散的引领平台不适应多元化的网络思维和网络需求，分散的信息传播容易形成教育宣传的信息孤岛，分散的受众群体无法实现主题教育的全员覆盖，这种分散化的局面严重割裂了主题教育资源的协同统一，无法形成协同育人的良好局面。一方面，高校都拥有着涵盖所有媒体形式的宣传阵地，从纵向组织角度来看，有校级层面的新媒体（官方媒体），院级层面的新媒体、自组织（班级、社团、学生会、老师或者学生个人）的新媒体，这三类新媒体平台运营和互动相对薄弱，呈现出各自为战、单兵突进的分散状态。在开展大学生分众化主题教育过程中，三类平台为了吸引各自的受众，针对同一热点事件、热点话题所策划的主题教育就可能出现宣传内容的同质化。同质化的内容会降低活动宣传的实效性，导致宣传效果的弱化。

另一方面，高校各类主题教育的平台资源虽然已经呈现多样化的发展态势，但各个平台资源相对分散且单一，缺乏信息交流，导致信息孤岛的出现，造成教育资源分布离散、共享性差、重复建设等问题，而各平台单一重复的教育资源会让主题教育的开展对大学生吸引力不强，粘黏度不够。如果各类教育平台打破瓶颈，事先加强互动沟通，实现相关数据资源的共享共通，并以此推动校内校外资源、各职能部门管理资源的相互联动，就能更为充分地发挥数据资源的聚合效应，实现主题教育资源的最大利用。

五、复制化导致教育内容的矮化

教育内容是主题教育的精髓所在，只有拥有合适的教育内容，才能顺利地开展主题教育。主题教育的教育内容要符合具体的教育实际，并且能够以解决学生的实际需求作为最终目的。只有这样的教育内容才会有生命力，才能得到学生的认可，才能取得良好的教育效果。但是目前，部分高校的教育内容复制化严重，主要表现在两个方面。一是将线下的主题教育复制粘贴到线上。信息时代，新媒体、新技术层出不穷，拓宽了主题教育的载体和育人平台，众多高校开始有意识地在大学生分众化主题教育中，使用新兴技术。这些新兴技术的使用，使得主题教育更加生动化、立体化、动态化，更易于教育客体接受和参与，进一步增强了主题教育的吸引力和亲和力。尽管众多的新媒体、新技术的使用极大地促进了高校大学生分众化主题教育的有序开展，然而调研发现，在新兴技术的使用过程中，微视频、微电影、慕课的使用最为频繁，大家在使用这些新兴技术时，明显存在扎堆使用的印迹，出现了简单的复制化倾向。虽然通过新兴技术，主题教育内容得以多样化地呈现和广泛传播，但是教育主体没有结合信息技术的介质特点和技术优势进一步加工、处理、优化，仅仅是将线下的主题教育内容“蚂蚁搬家”到了线上。信息时代，高校思想政治教育工作者要学会充分利用网络、手机等新兴媒体，提升信息技术在大学生主题教育中的应用，聚焦社会的热点和学生关注的焦点，以精简化的文本、图片、视频、音频等形式，通过学生喜闻乐见、乐于接受的方式，可视化地呈现出主题教育的内容。二是简单地把别人的教育内容挪作己用。信息技术进一步拓宽了教育成果的传播途径和渠道，同一个思想政治教育主题，网络上的教育内容琳琅满目，有些教育主体会将这些教育内容简单地复制粘贴使用，而并未考虑这些教育内容是否具有时效性，是否真正为学生需要，是否符合学生的年龄阶段和现实需求，从而出现一些不适应学生需求、不符合学生实际的教育内容被直接使用。任何一个教育内容都有其开展的最佳阶段和最佳时期，只有在适当的时间阶段开展，符合学生认知实际的教育内容才能被学生所接受。部分高校在开展主题教育时，更多的是由学校和思想政治工作者确定主题教育的内容，有些教育内容是教育主体自认为学生应该开展的，结果出现学生认知和主题教育内容的冲突，导致教育内容无法传递教育主题的价值内涵，无法吸引教育客体深入理解教育内容的所要引领的思想内容，无法激发教育客体参与的积极性和主动性，教育效果较差。

六、形式化导致教育评估的缺位

教育评估是大学生分众化主题教育的关键环节和重要步骤，是持续开展分众化主题教育的主要参考借鉴。但是当前，对我国大学生分众化主题教育所进行的教育评估，往往流于形式，难以实现教育评估的真实、科学、客观、有效。首先，教育评估的内容比较简单。通过对思想政治工作者的调研访谈，不难发现，当前大部分的主题教育评估多是采取问卷调查的形式，主要参考“参与学生的数量”“学生的感受体会”等简单要素，对于深层次的“学生现场反馈”“学生生理数据跟踪”等实时要素关注较少。其次，教育评估的全面性不足。对于主题教育的评估，应该考察大学生分众化主题教育的全部作用过程，包括策划、准备、实施、反馈四个关键环节，从主题的设计和选定、教育方案的制定筹划、教育的实施、教育完成后的效果反馈，都要一体贯穿，进行系统性的评估。但目前大部分的主题教育评估往往集中于教育完成之后的总结阶段，缺乏对整体环节全面性、系统性的评估，而且，当前的教育评估仅单纯考量主题教育的教育效果，至于教育主题是否符合大学生的成长成才需要，教育内容是否丰富多彩，教育目的是否鲜明，教育时空各节点的选择是否合理，环境布置是否达到预期的要求，教育主体在进行主题教育时是否紧扣教育主题，不同成员之间的分工是否合理，教育环节是否科学合理，整体的节奏是否合适，与大学生之间的互动是否频繁，教育方式是否运用恰当等的考察相对较少，很多可以在源头上或是过程中通过评估修正就可以避免的问题反复出现，导致教育资源的无端浪费。此外，当前主题教育评估的科学性不足。现有高校开展大学生主题教育，对于教育效果如何，该怎么改进没有明确的标准和体系，缺乏专业的评估手段和科学的评估标准，导致很多教育评估无法顺利进行，流于形式。

第三节　大学生分众化主题教育问题的成因分析

通过分析大学生分众化主题教育所存在的问题，从内至外、从上至下寻找问题原因，可发现大学生分众化主题教育的人本性、针对性、规范性、协同性均存在不足。

一、大学生分众化主题教育对人的主观能动性发挥不足

思想政治工作从根本上说是做人的工作，要坚持把立德树人作为中心环节。调研发现，很多高校普遍存在以思想政治工作者为主体的思维模式，主题教育的教育内容和教育形式基本都由思想政治工作者和学校所决定，而没有考虑学生对教育目标和教育方案是否认同，是否能够满足学生个体全面发展的需要。忽视了处于主体地位的学生的真实诉求，忽视了学生的主观能动性。这样一刀切的教育方式，有可能把学生“加工”成基本相似、均衡化的目标体。大学生分众化主题教育不仅是大学生思想政治教育的主要载体和形式，还是高校校园文化软环境建设的重要组成部分，对大学生的思想政治品德形成具有潜移默化的作用，对促进大学生的综合素质拓展起到了重要的辅助作用。大学生分众化主题教育要在教育主体的引领下，充分发挥教育客体的主体性作用，运用信息技术的优势，有效收集、深度挖掘、科学研判教育客体的思想行为特点，从而选择符合教育客体需要的主题教育内容和多样化的教育形式，以期把教育客体的思想引导到正确的、积极的方向上来，使大学生自主地接受外界带来得的积极影响，将主题教育的积极目标转化为自身的行为意识。

大学是人生至关重要的时期，个人的人生观、价值观、世界观都在大学里形成、发展、塑造，大学期间的学习、生活直接影响着大学生的

人生发展轨迹。知识的积累、能力的发展、个体生命的意义体验与价值创生都在大学里丰富和完善。大学生分众化主题教育中，教育客体从静态的、单一的、依靠经验进行组织架构的形象，逐渐向多样化、个性化、唯一化转变。基于此，教育主体需要立足教育客体实际，切实满足教育客体的个性化需求，转变教育理念，牢记习近平总书记提出的"为学生一生成长奠立基础"的要求，这样才能真正做到以生为本、因材施教，使大学生分众化主题教育的功能得到全面发挥。

二、大学生分众化主题教育设计的整体性不足

大学生分众化主题教育应当要具有针对性，要有长远规划和近期、短期计划，从学生整体长远发展考虑，科学规划，切实提高大学生的思想政治水平。有针对性的主题教育意味着形式化、功利化的主题教育的消逝。教育主体在开展主题教育时要摒弃形式化的思维，杜绝单纯功利性的思想，对主题教育进行有针对性的规划，并不断进行动态调整、多元生成。同时，任何一个独立的教育群体所接受的主题教育也需要具有针对性。只有针对性地对不同教育群体实施主题教育，才能使其积极主动地接受主题教育，并自觉将教育内容转化为实际行动。事实上，一届学生、一个年级的学生、不同性别的学生等都可以看作一个个独立的主题教育群体。不同的教育群体具有不同的教育属性，教育的侧重点、教育内容和方式方法都应有所不同。但目前，在开展主题教育过程中，依据不同教育群体特点确定特定的教育内容，并保证教育内容系统、连贯的主题教育相对较少。

大学生分众化主题教育不是一次教育活动，也不是几次教育活动的简单组合，需要思想政治工作者以学生为中心，切实把握学生的思想特点和行为方式，立足不同学生的不同特点和不同需要做长程规划，用宏观思维、全局视野构建系统性的主题教育，循序渐进，由浅入深，真正推进主题教育取得实效。这样才能使独立的教育活动和不同的教育活动都能形成有机联系。前一个教育活动为后一个教育活动提供基础和前提，后一个教育活动继续深化、拓展、衍生出前一个教育活动的教育效应，让大学生在不同的人生阶段感受到主题教育的价值内涵和与实际意义。

三、大学生分众化主题教育实施的规范性不足

制度是要求人们共同遵守的办事规程或行动准则。高校为了教学、科研、教育的管理，制定了系列的规章制度，维持了校园活动的正常运转。但作为大学生思想政治教育重要形式的主题教育，很少高校能够制定一套完整、科学的主题教育方案或者制度来推进主题教育的有序开展。因此，在实际开展的过程中，主题教育的随意性明显，形式化严重，为了完成教育任务而教育，可想而知，教育的效果必然大打折扣。诚然，主题教育具有一定的临时性和触发性，无法全面地制定规范性文件，然而大学生成长成才的规律没变，思想政治教育的规律没变，常规型的主题教育居多，临时性、突发性的主题教育较少，因此大学生分众化主题教育需要在把握思想政治教育规律、大学生成长发展规律的基础上，结合主题教育自身的规律，有针对性的、规范性的、有序性的开展。思想政治工作者要因地制宜、因时而进、因事而化，根据事物变化发展的规律，未雨绸缪，提前研判，制定大学生分众化主题教育的相关方案。

大学生分众化主题教育的规范性体现在具体教育内容的规范性、教育实施过程的规范性、教育评价的规范性。教育内容的规范性要求教育主体要根据教育客体的身心发展规律和成人成才特点，根据党的路线、方针、政策等的要求，制定全面、系统、科学的教育内容体系，为大学生的一生成长奠立坚实的思想基础、文化基础、能力基础。教育实施过程的规范性要求从前期的策划、宣传到后期的组织、实施要根据一定的教育要求和教育方案有序开展，不能随意开展，整个活动的开展要有组织、有要求、有效果。教育评价的规范性要求教育主体制定相应的评价标准，在教育活动结束后，及时地进行评价、反馈、总结，通过详细的指标体系进行定量评价，同时可以通过访谈、问卷的形式进行定性评价，做到定性评价与定量评价有机结合。

四、大学生分众化主题教育资源的协同性不足

所谓协同，就是指协调两个或者两个以上的不同资源或者个体，协同一致地完成某一目标的过程或能力。主题教育是一项系统过程，涉及各种因素，如教育主体、教育客体、教育目标、教育内容等。主题教育

的协同就是指影响主题教育的各种因素协同并进，有机协调，这样才能促进教育客体的自由全面发展。但是，当前主题教育并不协同，主要表现在以下两个方面：一是教育主体的不协同。一方面是高校内部系统之间的不协同。从表面上看，高校校内各职能部门都或多或少在做大学生分众化主题教育，但很多部门并没有深入，只是蜻蜓点水。再加上，各部门之间联系松散，教学资源和教学方法共享性不足，导致教育的协同功能不能充分发挥。高校的教育资源分布在不同的部门之中，如果各部门不能联合反而进行无效的甚至反复的工作，不仅达到不到教育目的反而浪费大量的教育资源。另一方面是家庭、学校和社会三者之间不协同，联系不紧密，在主题教育开展过程中，不能有效联动，对教育客体的作用效果分散。二是教育方法的不协同。教育方法直接决定了教育效果，信息时代的到来，教育方法从单一化走向多样化，对高校主题教育起到了重要的指导作用。但是在实际开展主题教育过程中，教育主体受限于个人知识、能力、水平，对新方法、新技术认识不清、使用不足，还是习惯采用传统的“说教式”“经验式”“填鸭式”的教学方法，向“参与式”“共情式”“交流式”转变不够。还有很多思想政治工作者，简单地把线下开展的主题教育内容，复制到线上，导致线上线下教育之间缺乏有效配合。

大学生分众化主题教育应该以教育客体的自由全面发展为目标，不断从外部获取和吸收最新的信息、最优的技术和最丰富的资源，打破各部门之间的行政束缚，拓宽各部门的参与边界，让主题教育的人力资源、智力资源、信息资源得以充分挖掘、利用和共享，进一步扩大“主题教育工作队伍”“主题教育的覆盖程度”“主题教育的时空范围”“主题教育的方式方法”，使主题教育各要素之间相互作用、相互协调，以此实现主题教育效果的最优化。

第四章 大学生分众化主题教育的体系建构

当前，在新媒体时代背景下，大学生群体的内部差异性、个性化和多样化特点日渐突出，传统的“大水漫灌”思想政治教育模式无法满足学生的个性化需求。主题教育的分众化发展，意味着根据不同学生的现实思想状况和多样化的精神需求，因事而化、因时而进、因势而新地开展思想政治教育，其实质在于教育内容供给与教育对象个性化思想需求之间的有效对接。实现这种有效对接的基本路径，是把分众化理念贯穿大学生主题教育全过程，处理好整体与细节的关系，不仅要重视教育的整体性和系统性，还要关注细节，从教育对象的精准化研判、教育内容的多样化设计、教育资源的多元化开发、教育课程的规范化设计等方面入手，系统构建具有时代特色的主题教育体系。

第一节 教育对象的精准化研判

习近平总书记提出“思想政治工作从根本上说是做人的工作”，“精准化”也成了新时代思想政治改革创新的工作要求。大学生主题教育，作为思想政治教育的一种创新形式，更应该从当代大学生的思想政治教育实际需求和现实问题出发，通过对当代大学生进行精准的研判，确保思想政治教育的实效。当代大学生作为主题教育的对象，既有着与时代同频的鲜明群体特征，也有着多元化的个性需求。教育对象的精准化研判要做到精准识别不同的教育对象，研判不同教育对象的思想行为特点和需求差异，通过全面了解、精准识别、科学分析教育对象等提高主题教育针对性和实效性的关键步骤。了解教育对象的实际思想状况、行为特点、价值观念、综合素质等，科学把握他们的实际需求，为主题教育内容和资源供给、方法选择、课程设计以及效果评估等方面奠定重要基础。

一、全面了解教育对象的成长环境

不同的时代环境在青年身上投射出不同的特有群体属性，随着时代变化、社会转型，我们的教育对象呈现出许多新特点，教育的观念、模式、内容、方法有待进一步改进。目前，高校思想政治教育对象的主体已经过渡为00后大学生，充分了解他们的成长环境，有助于我们更加准确地把脉大学生需求，让主题教育真正入脑入心。

从经济社会环境来看，当今世界，新一轮科技革命和产业变革深入发展，围绕高素质人才和科技制高点的国际竞争空前激烈。习近平总书记指出，放眼世界，我们面对的是百年未有之大变局。当前经济全球化呈现出新的发展特点；世界多极化快速发展，国际力量对比日趋均衡；社会信息化进程加快，呈日益高端化发展趋势；文化多样化持续推进，文化交流交融交锋之势日趋强化。中华民族逐步走向世界舞台的中央，在国际社会上的话语权和影响力也越来越大。00后大学生成长的时代是经济快速发展的时代，是政治制度日益完善的时代，是全面深化改革的时代。因此，他们的思想特征一定带有时代发展的痕迹。同时，00后大学生生长在改革开放的第三个十年，他们有着更多走向国际的机会，对国内外的信息与事物也更为了解，视野更为宽广，思想更为开放。随着我国经济实力的增强，国际地位的日益提高，他们的民族自尊心和自豪感大大增强，对国家、民族以及自己的发展前景也更为自信。总的来说，在中国基本实现“富起来”的时代环境下，在中国“强起来”的经济文化环境中，00后大学生有着更为充足的内在自信，他们的人生格局与视界越来越宽阔，成长态度也越来越开放、自信、积极、进取。但同时，随着经济体制的深刻变革、社会结构的深刻变动、利益格局的深刻调整、思想观念的深刻变化，中国的社会思潮也呈现出多元化的发展态势，拜金主义、消费主义、享乐主义、攀比心态等消极思想也对大学生具有很强的诱惑力，而且这些思想既有冲突交锋的一面，也有交织杂糅的一面，这些对我们做好当代大学生分众化主题教育工作带来了挑战。

从家庭和学校环境变化来看，家庭结构和师生关系的变化推动当代大学生彰显出新的特点。00后是以独生子女为主的一代，改革开放推动经济建设高质量发展，中国家庭经济条件整体显著改善，良好的物质条件保障使得他们可以享受更多领域、更广范围和更高质量的教育，综合素养得到较大提升。当代大学生的主体意识空前增强。他们更加认识到自我的存在，更加注意保持和张扬自己的个性，更加注重保护自己的自由、权利、利益、尊严，更具有主动性、创造性和独立性。师生关系从传统的严厉的教与学的关系逐渐向平等、尊重、民主的关系转变，互联网的出现使得师生间的交流更加便捷和广泛，单向的威权式的灌输已经难以取得良好的教学效果。

从信息和网络技术发展来看，00 后的生活与学习方式逐步随着网络科技的应用而养成，以网络为载体的数字技术已经渗透到了 00 后生活的各个层面。《中国互联网络发展状况统计报告》显示，截至 2023 年 6 月，青少年群体约占中国网民群体的 28.4%。由此可见，由网络构造的虚拟空间已经成为青少年学习生活的第二空间，成为 00 后人际互动、关注社会、融入公众的一种重要行为媒介。现代信息技术高速发展带给 00 后的一种全新的多样化的生活平台，他们热衷于在网络上关注社会、展示自我。但是，互联网的飞速发展也带来了 00 后生存的负面效应。网络资源鱼龙混杂，信息传播自由度高、信息传播范围广且隐蔽，当代大学生是非判别的能力和自我约束力还不够强，容易导致思想的混乱、信仰的缺失，制约和影响他们正确的人生观、价值观的形成，甚至导致个别人走上犯罪的道路。面对这些特点，传统的思想政治教育形式和话语已不再适合当代大学生，主题教育也因此面临着新的挑战。

二、精准把握教育对象的思想行为特征

经济社会发展、信息技术发展、家庭结构变化等多重因素的叠加，使得当代大学生具有更加复杂、多样的思想行为特点，这对大学生主题教育提出了新要求与新挑战。大学生主题教育要实现分众、提高育人实效，就需要准确把握教育对象的思想行为特点，既要把握他们的群体性特征，又要尊重每个学生的思想差异。

总的看，当代大学生在思想和行为上体现出三个方面的特征。

一是积极理性，但容易受外界影响。他们的价值观与主流价值观耦合，政治定力及辨别是非能力较强，但容易受外界环境影响，可塑性强。

00 后大学生爱国，对于国家和中国共产党的政治认同度高，对国家发展充满信心。有学者在调查中发现，超过九成的调研对象对于“中国正在不断走向复兴，在国际上更有地位”持非常肯定的评价。00 后大学生立场坚定，关注国家大事，在网上遇到一些不负责的言论，会保持自己的判断和立场，不会人云亦云。现实条件和未来的不确定性对于他们仍会产生较大影响。

二是崇尚个性，但容易以自我为中心。00 后大学生更善于表达个性，他们的价值追求具有个性化，并十分重视自我的情感体验和个人价值，但关心自身的同时也十分关注集体。他们敢于发声，具有相同或相似偏好特性的 00 后更容易相聚，在小团体中展现自我。他们务实，更加注重当下，更加注重人生舒适度，善于在审视自身条件的基础上，做出恰当的自我评价和人生选择。然而，个体意识渐强的 00 后大学生也存在一些显著的负面特征，比如他们从小备受长辈们呵护，容易养成以自我为中心的习惯，导致部分 00 后大学生我行我素，缺乏集体意识、不能换位思考，容易出现人际冲突，可能会带来心理健康问题。

三是独立自主，但容易陷入情绪化。00 后大学生具有较强的独立意识，他们更喜欢自主开展学习和生活。他们敢于自我选择和认定，乐于进行独立的人生体验。但是，他们的独立并不意味着成熟。独立性较强的 00 后大学生，也会偶尔感到孤独，渴望获得关爱。大学生所处的年龄阶段正处于心理性断乳期，其思想和心智均未成熟，独立性仍有欠缺，还极易受外界影响。如今随着社会生活节奏不断加快，他们所承受的生活、学习、工作的压力越来越大，学业压力是他们的主要压力，个人能力提升是他们的第一愿望，对于未来存在一定程度的迷茫。易出现浮躁、抑郁、焦虑、不安等不良心理状态，进而上升到产生孤独感、无助感、焦虑感等负面情绪。若不及时进行疏导，严重的还会造成心理疾病甚至是精神疾病的产生。

三、准确分析教育对象的内在需求

大学生主题教育作为贯穿学生成长发展全过程的思想政治教育，在促进学生的全面发展中的作用不言而喻。习近平总书记在全国高校思想政治工作会议上提出要提升思想政治教育亲和力和针对性，满足学生成长发展需求和期待，教育对象的内在需求作为思想政治教育的出发点与落脚点，需要我们对其全面、准确、细致地掌握。依托大数据分析深层次地剖析大学生的个性化、多样化需求，并对大学生的未来发展需求进行合理预测和准确判断，从而全方位、多角度掌握大学生成长发展的需求以及大学生需求的差异与变化，使新时代大学生分众化主题教育能够根据学生的需求分层分类开展，从而激活大学生的主观能动性，使主题教育发挥更好的效能。

（一）大学生成长发展总体需求分析

主题教育教师要从整体上全面掌握大学生的成长发展需求，而这一认知可借助马斯洛的需求层次理论得以更加清晰呈现。按照该理论，人类需求可以像阶梯一样按层次从低到高分为五种，分别是生理需求、安全需求、社交需求、尊重需求和自我实现需求。在当前高校环境下，大学生的需求主要聚焦在这五个层次上，但从需求层次的角度来看，仍旧存在生理需求不满足、安全感低、社区归属感弱、角色认同度低以及价值满足程度低等问题。

因此，分众化主题教育应当深入理解大学生需求，不仅仅停留在基本需求层面上，更要深入挖掘大学生成长发展的深层次需求。这包括从大学生对未来就业和经济独立的生理与安全需求入手，同时在社交、尊重与自我实现需求方面下功夫，关注大学生的个人能力发展和个性发展需求。

总体而言，大学生的成长发展需求集中体现在对个人能力、个性发展以及未来发展的需求上。具体而言，大学生对个人能力发展的需求包括知识与技能，提升个人的综合能力；对个性发展的需求体现在自我意识的强烈表现，注重对于个性的自由全面发展；而对未来发展需求包括就业的需求、经济独立的需求等方面的期望。这些方面构成了大学生成长发展需求的关键要素，也为主题教育提供了有力的指导方向。

（二）大学生阶段性需求分析

由于大学生不同成长阶段的思想行为特点各不相同，而大学生的成长发展需求深受不同成长阶段特点的影响，要在整体把握教育对象思想行为总体特点和需求的基础上，更加细致、深入地了解与区分大学生在不同阶段的成长发展需求，从而有效避免高校传统思想政治教育中出现的一刀切现象。

大学生主题教育贯穿本科一年级至四年级全过程，不同年级的大学生，其特点、需求往往有所差异，思想政治教育的阶段性任务也各有不同。要按照教育对象的特征和需求的不同，对不同阶段的学生开展不同主题的课程，才能够有针对性地进行理论和实践教育，才能取得更好的效果。本科一年级阶段是适应期。该阶段学生面对不同于以往的全新的大学生活，在自身角色、学习生活、人际交往等方面存在着不同程度的不适应，发展目标不明确，思想困惑较为集中，多表现出迷茫与不安。他们渴望尽快适应大学生活，与同学们友好相处，此时交往需求较为强烈。本科二年级阶段是调整期。该阶段学生基本上已经成功度过了适应期并能够不断进行自我调整，发展目标较为明确，自我意识增强但仍然不够成熟，在思想和行为方面容易处于放松的状态，此时个性发展的需求较为强烈。本科三年级阶段是稳定期。该阶段学生在思想和行为方面表现出相对成熟稳定的特点，更加理性务实，注重个人能力的提升以及自我价值的实现。他们开始为毕业做准备，更渴望能够熟练掌握与运用自己的专业知识，提升自己的专业技能，此时个人能力发展的需求较为强烈。本科四年级阶段是发展期。该阶段学生面临就业、创业或者继续深造的现实问题，能够明确未来发展方向，促进自身的发展，但由于临近毕业，各方面压力较大，导致其心理负担重，紧迫感强，思想极易波动，呈现出较为复杂以及不稳定的特点，此时大学生的未来发展规划和就业指导需求较为强烈。

（三）大学生群体和个性化需求分析

当前，大学生成长发展需求的个性化特征愈加明显，对于大学生成长发展需求从整体上来掌握显然是不够、不精且不准的，必须要深入、细致地掌握大学生成长发展需求的差异化、个性化与多样化。教育对象的差异主要包括群体差异和个体差异，新时代大学生分众化主题教育要从这两个方面对其进行了解与掌握，针对大学生群体、个体的差异，对症下药，讲求实效。具有某些相同特征或者需求的学生构成了学生群体。群体差异可以根据年龄、性别、民族、专业等进行区分，通过对不同大学生群体的差异进行了解，从而准确把握不同学生群体的成长发展需求，特别是关注特殊大学生群体的特点与需求。特殊大学生群体在高校中所占的比例逐年增加，主要存在经济情况、身心状况、适应能力困难等方面的问题，他们所存在的问题日益凸显，思想行为特点也更为复杂难以把握，已经成为高校思想政治教育不可忽略的重要教育对象。分众化主题教育也要充分考虑到这些群体的特点和需求，提高主题教育的覆盖面和实效性。大学生的个体差异，是指个人在心理活动过程中所表现出来的不同于他人但又相对稳定的生理、心理特点，主要包括个性倾向性差异和个性心理特征差异，个性倾向性差异包括兴趣、爱好、需要等方面的差异，个性心理特征差异包括能力、气质与性格等方面的差异。因此在施教的过程中，要增强教育的针对性和实效性，既满足个体发展的需要，同时又要符合群体发展的要求，使教学过程更加符合学生群体与个人的成长、成才规律，把握好普遍性与特殊性之间的辩证关系。

第二节　教育内容的多样化设计

多样化的教育内容是主题教育实施的核心，是思想政治教育目标和任务的具体化，直接关系到思想政治教育的有效性。随着经济社会的高速发展和高等教育大众化时代的到来，大学生思想政治教育工作面临更大的挑战，如何提升大学生思想政治教育吸引力和感染力是我们面临的难题。在学生需求与时代发展的要求下，主题教育内容只有坚持从学生出发、从实际出发才具有生命力，才能实现创新发展。具体来说，在内容设计中，立足新时代大学生思想行为特征实际，既要坚持教育内容的政治性、时代性，关注学生德智体美劳全面发展，还要注重现实性和亲和性，充分把握不同阶段、不同群体学生思想引导的侧重点，提升分众化主题教育的针对性与实效性。

一、主题教育内容设计的基本要求

（一）教育内容要坚持政治性

主题教育内容首先要坚持以习近平新时代中国特色社会主义思想为指导，体现党和国家对培养时代新人的政治要求。从整体上看，主题教育内容必须要坚持正确的政治方向，要符合党和国家事业的发展需要，全面贯彻、落实党的教育方针和政策，紧紧围绕着“培养什么人、怎样培养人、为谁培养人”这一教育的根本问题。具体而言，主题教育内容要让广大师生深刻领悟“两个确立”的决定性意义，把坚决做到“两个维护”作为主题教育根本性的政治要求，着力弘扬和传播社会主义核心价值观，将党的最新理论成果和重大方针政策及时、高效融入课堂教学讲授和学习实践中，加强相关理想信念教育、爱国主义教育和形势政策教育等教育内容，着力培育大学生坚定的理想信念与爱党爱国情怀，教育引导大学生努力成为社会主义现代化强国事业的合格建设者和可靠接班人。

（二）教育内容要凸显时代性

习近平总书记在全国高校思想政治工作会议上指出，做好高校思想政治工作，要因事而化、因时而进、因势而新。主题教育不仅要立足现实，更要与时俱进，突出时代特征。一是要牢牢把握马克思主义中国化时代化的新境界，坚持以“培养担当民族复兴大任的时代新人”为着眼点，对新时代下主题教育内容所应具有的新特点和新规律进行认真研究，根据新时代下大学生的个性化、多样化需求的变化及时进行教育内容的更新；二是要将教育内容与时代背景深入融合，建立主题教育线上资源库，聚焦新时代大学生普遍关注的社会热点问题，引导学生正确看待问题、科学解决问题，增强教育内容供给的时代性。

（三）教育内容要注重现实性

教育内容的现实性是指主题教育要始终坚持一切从实际出发，理论联系实际、实事求是的思想路线和原则。具体来讲就是主题教育要立足于大学生的生活实际，解决大学生实际问题。一方面，教育供给内容要贴近社会现实。主题教育作为指导人的思想和行为的实践活动，其教育内容要从客观实际出发，立足于社会现实，要关注、贴近现实生活，具有生活气，将现实生活中鲜活的、真实的案例增添到教育内容中，增强教育内容的吸引力。另一方面，教育内容的设计、选择和供给要贴近学生实际，对标问题导向。要针对学生的实际问题，与大学生学习和生活中的思想困惑对标，结合大学生的思想和行为特点，更致力于有效应对、切实解决学生在学习、生活等方面存在的问题，满足大学生成长发展的个性化需求。

（四）教育内容要彰显亲和性

教育内容的亲和力是主题教育实效性的前提。主题教育内容要紧扣大学生的实践需要，做到以人为本，充分彰显主题教育的人文关怀和生命关切。教育内容不能仅停留在理论层面，而是要深入到实践层面，要能够切实有效地指导大学生的实践活动。一是要拓展主题教育场域。抓好课堂教学主渠道的同时，走进学生的生活世界，打通课堂教学—学生日常生活的通道，真正实现思想政治工作贯穿教育教学全过程。二是要坚持社会价值与个人价值的统一，只有将学生个人的理想追求融入国家和民族的事业，实现自我发展的个人价值与国家民族发展的社会价值的目标同构，才能建立起学生对实现中华民族伟大复兴中国梦的亲近感，从而自觉为中国梦而奋斗。三是要打造具有时代感的思想政治教育话语体系。主题教育内容要以大众喜闻乐见的话语方式表达出来，提升话语内容的吸引力、感染力和渗透力，主动运用新媒体、自媒体等手段走进青年大学生的虚拟生活，搭建和青年大学生深度沟通的信息平台，走进青年大学生的内心世界。

二、主题教育内容的基本要素

从横向看，大学生主题教育主要包含价值引领系列教育、生命健康系列教育、学习学业系列教育和社会适应系列教育等四个方面。

（一）价值引领系列教育

教育的责任是提升人的价值，促进学生全面发展。当前世界复杂多变，多种价值观念交汇融合，面对多元文化、多种价值观的选择、困惑与问题，我们需要坚守好思想政治教育主阵地，开展内涵丰富的价值观教育，引导当代大学生形成积极健康的价值观，促进学生全面和终身发展。习近平总书记多次强调教育立德树人的重要使命，价值引领系列教育旨在对学生进行科学的、正确的价值观引导和教育，这是立德树人的根本，是主题教育的核心内容。价值引领系列主题教育包括理想信念教育、爱国主义教育、形势政策教育等。

理想信念教育对于大学生来说是未来人生道路上的灯塔，是指引未来发展前进的精神支柱。习近平总书记高度重视青年一代的理想信念状态，他指出："青年一代有理想、有本领、有担当，国家就有前途，民族就有希望。"理想信念是青年精神的"钙"，针对大学生的理想信念教育内容必须从马克思主义理想信念出发，以共产主义理想信念为参照，引导大学生树立正确的、科学的理想信念，进一步强化教育内容的意识形态属性。

爱国主义教育以培养大学生民族使命担当为根本目的。大学生爱国主义教育内容既要着力历史教育，尤其是要加强党史、新中国史、改革开放史、社会主义发展史的教育，让他们通过读原著、学原文、悟原理，了解和掌握历史发展中的民族精神与取得伟大成就的深层原因，又要着力加强实践教育，让他们走进广袤无垠的祖国大地，以切身体验和实际感受去了解发展的不易。同时，要充分挖掘网络里的碎片化信息，进而整合归纳，去粗取精、去伪存真、去劣存优，使之成为爱国主义教育的重要阵地，丰富爱国主义教育的内容和载体。

形势政策教育内容是引导大学生正确认识国内外发展形势以及党和国家的最新方针政策，目的是帮助大学生树立马克思主义的形势观、政策观，树立大局意识和责任意识，树立道路自信、制度自信、理论自信和文化自信。从而使其能够自觉能够做到维护党和政府的各项决定，时刻与党和国家保持一致。通过对当前社会环境做出深刻、系统的剖析，帮助大学生认识到当前中国所处的发展阶段，指引他们在复杂的时代背景下抓住机遇，积极应对挑战。

（二）生命健康系列教育

党的十八大以来，以习近平同志为核心的党中央把维护人民健康摆在更加突出的位置，召开全国卫生与健康大会，确立新时代卫生与健康工作方针，中共中央国务院印发《"健康中国 2030"规划纲要》，发出建设健康中国的号召。生命健康系列教育旨在培养学生的生命健康观，激发学生的使命感和正确的价值观，重视生命健康、认识生命、关爱生命、生命责任和呵护生命等，引导学生珍惜生命健康、具有强烈的生命意识和人文关怀意识，关爱他人，促进个人健康发展与社会和谐。生命安全与健康是人类生存、发展的基本需求和永恒追求。生命权、身体权和健康权是每一位公民的权利。良好的学校生命安全与健康教育有助于学生树立正确生命观、健康观、安全观，增强学生“生命至上、健康第一”意识、提高心理社会能力，养成健康文明行为习惯和生活方式，自觉采纳和保持健康行为，为学生健康成长、终身发展奠定坚实基础。生命健康系列教育包括心理健康教育、健康行为与生活方式教育、情感教育、安全教育等。

心理健康教育是帮助大学生塑造健康心理状态的重要途径，它能够帮助解决大学生面临的心理问题，目的是培养学生形成良好的心理素质和心理品质。通过心理健康教育能够帮助大学生缓解压力、调节情绪，提升社会适应能力，从而帮助新时代大学生塑造健全的人格、正确的三观和健康的心理，增强对生命的敬畏感、对社会的责任感、对民族的认同感，提升心理调适能力。

健康行为与生活方式教育不仅包括体育锻炼活动，同时也包含了科学合理的学习和生活、良好生活习惯的培养，全面提高健康素质。

情感教育是教师在教学中，关注学生情感、态度和价值观等方面，以教育关怀人的本质为核心，帮助学生具备一定的情感调控能力与良好心理品质，增强人际交往能力与合作精神，树立自尊自信，形成健全人格，能够在未来成为一名具有社会主义觉悟的文化劳动者。

安全教育是保证高校安全稳定、促进青年健康成长成才的重要途径，高校探索安全教育改革的内容，包含传染病预防与突发公共卫生事件应对、安全应急与避险、电信网络诈骗、用火用电安全、人身财产安全、交通安全等主题，切实增强大学生危机意识、安全意识与防护能力，对于家庭的幸福、校园的和谐、社会的稳定和国家的繁荣具有重要意义。

（三）学习学业系列教育

习近平总书记在欧美同学会成立 100 周年庆祝大会上的讲话中强调：“梦想从学习开始，事业从实践进步。当今世界，知识信息快速更新，学习稍有懈怠，就会落伍。”学习学业系列立足学生学业发展需求，以提高学生学习质量、拓展学生综合素质，增强学生自我管理能力，解决学习与发展过程中的问题与困惑为导向，为学生学习发展提供支撑。包括专业思想教育、学习能力提升、创新创业指导、生涯规划与就业指导等。

专业思想教育，旨在提高对所学专业的热爱和崇敬，夯实学生专业学习基础。学习能力的提升目的在于指导学生全面掌握学习与科研技能，提高专业素质与修养。针对低年级学生，重点推进学习意识强化、学习方法辅导和学习适应指导；针对高年级学生，着重综合能力提升、职业指导；对于存在学业困难的群体，重点推进学业帮扶和课程辅导；营造乐学、勤学、善学的良好氛围。

创新创业教育着力提高大学生创新创业意识与能力，是提高人才综合素质的一种教育模式。与一般企业所不同，高校的创新创业教育重点在于培养创新人才，进而进行类型多样、经营多元、发展前景可观的创新创业项目与团队的开发，更好地帮助大学生实现就业和创业，培养学生的创业意识与实践能力，为我国的经济增长和社会发展作出更大的贡献。

生涯规划与就业指导旨在引导学生科学规划学习生涯，对于学生在不同阶段存在的发展困惑，指导学生根据自身的现实条件与发展潜力、外界机遇等制约因素进行科学预测，树立正确的自主择业观、竞争就业观、职业平等观和多种方式就业观，进而确立自己的职业方向、职业目标与发展道路，提高就业竞争力。

（四）社会适应系列教育

社会适应系列教育旨在加强学生从学校走向社会的衔接，提高社会适应能力。社会适应能力是一个人综合素质能力高低的间接表现，是个体融入社会，接纳社会能力的表现。提升学生社会适应能力不仅是促进学生全面发展的需求，更是社会发展的要求。通过主题丰富的社会适应系列教育加强学生与社会实际需求的对接与联系，让学生提前掌握一些必备的社会生存攻略及技能，使其提前了解社会现实，更好适应社会生活。主要包括人际交往指导、责任教育、法制规范教育等。

良好的人际交往能力是社会化的起点，是将来在社会立足的生存需要，也是为社会做贡献的本领。人际交往指导包含人际沟通技巧、文明礼仪等内容，有助于大学生正确认识自我，找到自己的社会位置，扮演好自己的社会角色，实现自我价值。

责任教育是指有目的、有计划地培养和发展教育者责任素质的教育活动，包含对自我、对家庭、对社会、对民族、对国家的责任等，引导当代大学生形成正确的责任观、高尚的责任意识和自觉的责任行为。

法制规范教育是高等学校德育的重要组成部分，承担着培养大学生法制观念和法律意识的重要任务。法制规范教育与道德教育有机结合，通过有目的、有计划、有组织地进行依法治国方略的宣传和教育，培养和发展学生的法律素质，使之成为有理想、有道德、有文化、有纪律的合格人才。

三、主题教育内容的分阶段设计

从纵向看，新时代大学生分众化主题教育贯穿学生成长发展的各个阶段，将理想信念教育、爱国主义教育、生命安全教育、心理健康教育、学业就业指导等各要素体现在本科一年级到四年级的课程设计中，每个阶段依据学生当前的主要成长发展需求各有侧重。

（一）本科一年级教育内容

本科一年级以适应性学习发展教育为基础，以促进大学生“尽快适应大学生活、科学规划学习生涯、努力追求发展进步”为主线，逐步推进新生适应性教育、安全稳定教育、心理健康教育、生涯规划教育、学业辅导教育、学生骨干培养教育等教育模块深入实施。该阶段的教育重点一是加强理想信念教育，深入推动马克思主义中国化时代化理论入脑入心，增强大学生对社会主义主流意识形态的理解和认同，积极培育和践行社会主义核心价值观，树立科学的世界观、人生观、价值观；二是开展适应性教育，通过校史校情、校纪校规学习、校风学风、学业辅导、心理健康和安全教育等，引导大学生牢固树立专业思想，扎实学习专业知识与技能，努力提升内在本领与综合素质，培养自尊自信、理性平和、积极向上的健康心态，尽快实现从高中生到大学生的转变，尽快适应大学学习生活；三是开展生涯规划指导，引导大学生科学制定生涯发展规划，找准人生奋斗目标与发展方向，合理制订学习生活计划，列出时间表、任务书与路线图，为自己的未来描绘好发展蓝图。

（二）本科二年级教育内容

本科二年级以提高学生综合素质为首要目标，以“思想铸魂、素质拓展、发展赋能”为主线，以理想信念教育、心理健康教育、班风学风建设、创新创业教育、劳动实践教育等为主要内容，帮助大学生提高思想素质、提升政治觉悟、强化专业能力、拓展综合素质、锤炼品格修养，促进大学生德智体美劳全面发展。该阶段教育重点一是以培养和发展学生党员为突破口，以弘扬和传播社会主义主流意识形态为重要内容，切实加强社会主义核心价值观教育，着力培育大学生坚定的理想信念与爱党爱国情怀，教育引导大学生努力成为社会主义现代化强国事业的合格建设者和可靠接班人。二是坚持以班风学风建设为重点，提高对所学专业的热爱和崇敬，夯实学生专业学习基础。依托辅导员、班主任、团学干部、学生党员骨干、学习模范等力量，通过生涯辅导、学习经验交流、学术科研沙龙、专业素质能力大赛等方式，营造乐学、勤学、善学的良好氛围。三是开展创新创业教育，通过课程教学、项目孵化、团队培养、人才培训、政策引导、资金扶持、条件保障等综合手段，提高大学生创新创业意识与能力。

（三）本科三年级教育内容

本科三年级以促进大学生全面发展为核心，以“思想提纯、素质提优、发展提档”为主线，重在进一步提高大学生思想政治觉悟、内在本领素质和未来发展核心竞争力，教育引导学生在德、智、体、美、劳等方面全方位发展，夯实未来升学与就业的知识储备与素质能力，做到思想有大进步、素质有大提升、发展有大空间。该阶段教育重点一是聚焦强基赋能，创新开设集德育、智育、体育、劳育、美育等“五育并举”的精品素质课程，并进一步明晰发展方向，夯实核心竞争力，为未来个人升学就业与职业发展奠定坚实基础；二是聚焦健康成长，切实强化生命安全教育。将生命安全教育与知识能力教育、案例警示教育充分结合起来，打造深受学生喜爱和青睐的生命安全教育精品课堂，教育引导大学生珍惜生命、注重安全、追求健康，增强安全防护意识与能力。

（四）本科四年级教育内容

本科四年级以促进大学生高质量升学就业为第一要务，以“素质全面化发展、核心竞争力打造、升学就业全方位指导”为主线，以“爱国主义教育、爱校荣校教育、就业创业教育”为主要内容，全面增强大学生综合素质、核心竞争力和升学求职应试能力，培养大学生深厚的爱党爱国、爱校荣校、实践报国情怀，为新时代社会主义现代化强国事业培养合格建设者和可靠接班人。该阶段教育重点一是深入推进爱党爱国、爱校荣校教育。结合毕业典礼、毕业生代表座谈会、优秀毕业生交流会、校友事迹报告会等一系列毕业季教育活动，对大学生深入开展爱国主义教育和爱校荣校教育，培养大学生爱党爱国、爱校荣校深厚情怀；二是开展指导帮扶。围绕学业困难、就业困难学生，通过政策宣讲、专题报告、经验分享、专题培训等渠道开展指导帮扶，积极引导学生合理优化生涯发展道路，增强就业创业能力；三是深入推进榜样示范教育，选树就业、创业、升学等学生先进典型和优秀校友典型，加强宣传，在学生群体中营造比学赶超氛围。

第三节　教育资源的多元化开发

大学生分众化主题教育课程是对学生进行思想政治教育的有效渠道，对学生世界观、人生观、价值观的形成有着不可替代的作用。主题教育课程资源的开发是丰富教学内容，提高教师专业素养，转变学生学习方式，增强主题教育课程育人实效性的重要途径。在主题教育课程资源的开发中，应该立足学生成长，坚持方向性、系统性、因地制宜和以生为本的原则，充分结合学校实际与专业特色，从课内课外、校内校外、网上网下等方面多措并举，深入挖掘校内师生资源、校外社会资源和校友资源以及网络资源等，并通过完善课程建设制度体系、加强师资队伍建设、开发课程资源共建共享机制等，构建主题教育课程资源矩阵，以最大限度地助力学生成长成才。

一、主题教育课程资源开发的原则

（一）方向性原则

所谓方向性原则，就是要确保主题教育课程与其他课程同向发力，确保正确的政治方向，以“爱党、爱国、爱社会主义、爱人民、爱集体”为主线，正确引导大学生的思想和行为，培育大学生正确的世界观、人生观和价值观。

（二）系统性原则

所谓系统性原则，就是把主题教育课程建设当作一个系统工程，注意课程建设的整体性、相关性、目的性与动态性。主题教育课程资源的开发要处理好各年级、各主题课程之间的联系，把握课程资源开发的整体性，做到各课程之间无缝对接。

（三）因地制宜原则

所谓因地制宜原则，就是结合各学院特色、授课教师和学生的具体情况，做到因材施教、因院制宜，灵活、机动、有效地开发主题教育课程资源。在具体的开发过程中，充分发挥各学院、教师和学生的主观能动性，充实主题教育课程资源库。

（四）以生为本原则

所谓以生为本原则，就是在开发主题教育课程资源时，要关注学生的需求，遵循学生成长发展规律，以学生精神文化需要的满足作为价值导向。主题教育课程资源的开发要坚持以学生为中心，关注学生的需要，不断改善学生的课程体验、学习效果，科学合理地开发适应学生发展的课程资源，从学生的根本出发实现全体学生的全面发展。

二、主题教育课程资源的开发策略

（一）拓宽主题教育课程资源开发的主体范围

1．巩固授课教师的主体地位

辅导员作为主题教育课程的授课主体，是开发与利用课程资源的主体，是课程资源的主要体现者和实际应用者。辅导员结合学生的差异实施有针对性的教育活动，对于分众化主题教育尤为重要。但是在以往的课程建设中，对资源开发的主体往往是专业教师，而忽视了辅导员作为一线思政工作者的作用发挥。因此，要充分发挥辅导员在课程资源开发过程中的主观能动性。

2．鼓励学生的主体行为

学生不仅是教育的对象，也是宝贵的课程资源，更是课程资源的开发者，学生所具有的主观能动性对于课程资源的开发作用不可忽视。学生可以根据自身需求，利用书籍、互联网等多个途径自主开发有利于主题教育课程建设的资源。辅导员还可以通过阶段性的问卷调查了解大学生对于主题教育课程的想法，听取学生们关于课程的建设性意见，选择那些贴近学生日常生活的资源，以便于激发学生的熟悉感和兴趣感。还可以通过布置研究性学习、社会调查、实践活动等任务，灵活巧妙地让学生全程参与本土资源的搜集、整理等项目，并且纳入课程考核之中。这样既可以调动学生的积极性、主动性和创造性，又可以丰富课程建设资源。

3．协调相关的主体资源

《关于加强和改进新形势下高校思想政治工作的意见》指出："高校思想政治工作要坚持全员全过程全方位育人。"高校思想政治教育主体资源是指高校思想政治教育过程中所参与的所有人力资源之和，主题教育课程资源的开发，除了充分发挥师生的主观能动性之外，还要注意充分调动学校党政、教务、后勤等教职工共同参与，使"三全育人"落到实处；还要充分调动地方政府、企业、社区、高校之间形成资源开发共同体，推动优质师资进课堂、进晚点名等。在具体的课堂资源开发中，可以通过以辅导员作为组织枢纽，结合不同授课专题的特点，整合高校思想政治教育主体资源，协同多方师资来进一步丰富课堂组织形式、充实课堂内容。例如邀请优秀学生家长进校园，分享人生阅历，增进家校协作；可以邀请一些社会人士，如道德模范、劳动模范等在晚点名时作主题报告，引领学生近距离感受榜样的力量。

（二）夯实主题教育课程资源开发的基础

1．完善课程建设规章制度

从学校的角度来说，必须认真统筹谋划，做到在制度化建设方面集中发力，加强顶层设计和资源统筹，保障主题教育课程建设的持续推进。首先要强化领导，提高站位，建立统一高效的领导机制，召集各方力量，建立不同层级的、多方位规划的组织机制，整体规划和部署高校的主题教育课程制度建设。其次要完善开发机制，明确主题教育资源开发的建设主体，围绕开发方式、开发地点、开发责任人等问题进行深入讨论，制定规范合理的主题教育课程资源开发利用流程，逐步探索研究主题教育课程资源体系的有效转化。最后要建立公平公正的评价体系，把主题教育建设评价工作落细、落地、落实，明确考评标准与细则，采取资源开发的认定与鼓励措施。

2．加强师资队伍建设

主题教育授课教师是课程建设的重要一环，其综合素质与能力是影响主题教育课程实效性的关键。一是应当优化高校主题教育教师的准入机制，以专业能力、素质水平、思想品德要求三个核心标准进行教师队伍选拔，从源头对教师队伍进行初步筛选；二是重视对主题教育教师队伍的培养过程，持续加强师资培训力度，制定阶段性考核目标与发展要求，明确教师发展的方向性、提升学习行为的主动性、加强培养过程的针对性，解决师资队伍素养提升方面的问题；三是要增强师资队伍建设的经费和资源保障。足够的资金支持，多功能教室、实践基地等场地和资源的投入，是主题教育师资队伍专业化教学必要的外部支持，也是提升课程成效的重要方面。

3．开发共建共享机制

主题教育课程资源开发是一个系统且动态变化的工程。要及时建立共建共享机制，一是做到全员共建、全员共享，将各方优势与特色课程资源集中整合，形成党委领导、高校负责、社会普遍参与的共建共享机制。二是打通教师之间、学院之间、学校之间的联系协作壁垒，加强课程建设交流与整合，搭建课程共建、师资共享的有效平台，实现主题教育资源的全面化与系统化。三是在开发过程中，突出“一院一品”优势课程建设，立足专业特色，整合各项资源，强化品牌引领，扩大品牌价值，推动主题教育课程与专业特色、共享资源的三位一体建设，做到润物细无声。

（三）加强主题教育课程资源开发的延展性

1．不断丰富实践资源

加强实践资源的建设是主题教育课程资源开发中十分重要的环节，是培养大学生社会化的形势要求。习近平总书记在学校思想政治理论课教师座谈会上提到了“理论性和实践性相统一”的具体要求，指出要高度重视思政课的实践性，把思政小课堂同社会大课堂结合起来。这对主题教育第二课堂的开拓提出了明确要求，通过充分扩展课程实践教学资源，把主题教育教育内容与新时代中国特色社会主义的伟大实践结合在一起。

首先，主题教育需要突破学校的空间限制，建立与社会合作的良好机制。而高校主题教育的实践教学单靠授课教师的个人努力是远远不够的，必须调动与利用学校教育力量与社会教学资源。一方面，学校层面的负责人可以通过调动自身的社会资源关系网络，为学校主题教育的建设引入必要的市场化配置机制，通过校企共建等形式扩展学校主题课程资源开发的关系脉络；另一方面，通过主题教育课程资源与新时代中国特色社会主义这本“大书”的融合，拓展校外学习空间，把主题教育实践教学与大学生暑期社会实践活动、“三下乡”活动等结合起来，拓宽课程资源的广度。尤其要强调的是，主题教育在走出教室、走向社会的过程中，对于教师的组织和实践教学才干的要求也随之提升，教师要能够深入实践教学工作一线，获取实践教学课程开发资源经验，进行社会化教学，最后形成“学校—教师—社会”三线一环，拓宽主题教育实践教学资源的合力。

其次，实践教学的资源要得到经费、场地及设备的物质支持与保障。由于实践教学要走出教室、走向社会，教学资源的管理对于物力支持的依赖程度也随之提升。政府与学校需要提供必要的实践教学资源整合经费支持，以促进不同课程与不同部门之间实现课程资源共建共享，明确各项经费的投入与支出比例，以制度规范监督经费使用情况。另外，各高校之间也可以进行主题教育实践资源的开放共享，允许考察参观与学习交流，实现互利互惠愿景的同时，也能在一定程度上降低主题教育课程资源开发、使用、管理成本。

最后，保障实践基地的建设与维护。学校要设置专门的组织管理机构体系，运用系统论的方法，从上到下，从统筹、建设、教学、考察等方面为主题教育课程实践基地提供保障，以达到集中有效资源进行实践基地构建的目标。在进行实践教学资源基地建设与选择上，结合地方政策条件、融入课程性质特点，分级、分门别类地将不同的实践基地纳入体系框架中，不断充实整个实践基地体系。积极开拓博物馆、文化遗迹、红色文化基地、示范乡村、名企等教学实践基地，实现学生与实践基地之间的双向互促，学生在感受主题教育的资源文化陶冶的同时，也能够促进实践基地的资源开发，最大限度实现实践基地与高校、学生的共建互惠。

2．充分开发网络资源

信息时代的到来带来了网络技术的不断发展与革新，也为主题教育课程带来了广阔的网络发展空间。网络资源具有时效性强、表现性强、交互性好等特点，能够突破传统课程的不足，满足个性化的教学，及时获得学生的评价反馈。高校网络思想政治教育资源是思想政治教育资源的重要构成部分，是对大学生开展主题教育的重要载体。《教育信息化2.0行动计划》明确指出："推进开放资源汇聚共享，打破教育资源开发利用的传统壁垒，利用大数据技术采集、汇聚互联网上丰富的教学、科研、文化资源，为各级各类学校和全体学习者提供海量、适切的教育资源服务。"由此可见，深化对网络思想政治教育资源的理性认识，充分开发网络资源，加大建设力度，是信息时代增强大学生网络思想政治教育实效性的客观要求。

随着大数据技术的愈益成熟，可以充分发挥网络思政空间优势，充分利用互联网、现代技术手段等，将主题教育网站纳入课程资源之中，不断丰富和完善大学主题教育课程资源。一方面，授课教师可以利用数据挖掘和技术分析，全面掌握学生的思想状况、学习习惯、兴趣关注，促使资源动态适应学生需求；另一方面，与时俱进纳入时代元素，以保证主题教育课程资源充分体现的时代精神。

但是，在具体的使用中，要注意去粗取精，适度使用。要注意提高资源选择的针对性和实效性。要挑选符合大学生特点的教学内容，增强资源的针对性，使资源与授课目标、授课对象相适应。网络资源的选择并不是单纯地为了让一节课变得更加热闹，而是选取贴近学生生活的课程资源，让他们自觉地将理论与生活实际建立联系，把抽象的理论知识形象化，促进学生对知识的理解、掌握、应用，从而提高主题教育课程的实效性。

因此，主题教育课程资源的开发中要注意网络资源的开发，在具体的开发中要提高信息素养，增强使用信息技术的能力，避免课堂教学变成资源的狂轰滥炸，资源利用的便捷性变成随意性。

3．积极挖掘校友资源

将校友资源引入高校思想政治工作符合因事而新，是一种符合现代话语体系的思想政治新"教材"。今朝在校的大学生就是日后的校友资源，需要日积月累，逐渐形成校友意识。高校要在新生入学时就做好校友意识的培养，在入学教育大会中可以进行优秀校友事迹的宣传、开展老乡会等，使新生在入学时能够缓解离家焦虑情绪，做好不同生活方式间的过渡。在具体的主题教育课程教学之中，要注重校史教育，使学生们了解学校的光荣发展史。在高年级的学生中开展校友专题讲座、公众号宣传、校友专访等来使面临毕业的学生对于未来有更明确的规划，深化其爱校意识。

在毕业生中聘任有一定号召力和宣传力的学生作为校友信息员与联络员，例如学生组织的主席、部长或者班级干部等，负责校友信息收集与联络。同时设立校友工作志愿组织，让在校生做志愿者，平时通过通信设备与软件同校友保持联系。在一些重大节日中走访知名校友，不仅可以增加校友与学校的联系，而且优秀校友可以为其提供求职就业的经验，对于大学生的成长也很有帮助。设置校友组织为高校的思政课程资源开发提供了条件，对增强思想政治教育的效果、增加思想政治教育的活力具有重要作用，可以更方便优秀校友返校对在校的学弟学妹们开展思政课程教育活动。

第四节　教育课程的规范化建设

大学生主题教育课程是开展思想政治教育的有效形式和重要载体，对促进大学生成长成才具有重要作用。课程的规范化建设是大学生主题教育课程成熟的重要标志之一。这就要求主题教育课程在教学目标、教学内容、教学大纲、师资队伍、学分和学时、教学、考评等方面的规范化。在具体的实践中，大学生主题教育课程规范化建设经历了从无到有、从不规范到逐步规范化的探索过程，这也为进一步推进和提升课程规范化建设打下了坚实的基础。在主题教育课程的进一步规范化建设中，尤其须要从课程定位、教学大纲、教学内容、学分与学时匹配、师资队伍、教学管理和考核等方面深入实践与思考，以切实提高主题教育课程的育人实效。

一、主题教育课程建设的规范化与标准

课程建设是高校教学的基础建设，课程规范化又是课程建设的基础

和前提。教育课程的规范化建设需要符合一定的标准，即以什么样的标准建设课程。从课程论的角度看，课程规范化一般包括如下一些基本标准。

一是教学目标的规范化。教学目标是指教学活动实施的方向和预期要达到的结果，是教学活动的出发点和归宿。由于教学目标规定了一门课程教学活动实施的方向和预期要达到的结果，因此课程建设要求教学目标要规范化。

二是教学内容的规范化。教学内容是高校课程教学传授给学生的各种知识和技能，它解决的是一门课程教学过程中教师“教什么”的问题，是教学过程中同师生发生交互作用、服务于教学目的达成的动态生成的素材及信息。教学内容的规范化需要教学内容保持相对的稳定性。

三是教学大纲的规范化。教学大纲是以纲要形式规定教学内容和基本要求的指导性文件，它包括该课程教学的目的、任务、知识、技能的范围、深度和结构，教学进度以及讲授、实习、实验等教学时数的分配。教学大纲是教师进行课程教学的主要依据，也是规定学生学习各门课程应获得的知识、技能的文件。作为指导教学纲领性文件的教学大纲必须规范化。

四是师资队伍的规范化。课程教学过程的重要构成要素是教师，教师通过教学活动把符合社会需要的教学内容传授给学生，进而实现教学目标。师资的规范化是课程建设的重要内容之一。

五是学分和学时的规范化。目前各高校普遍采用学分制，一门正式的课程都有确定的学分，而一定的学分又对应一定的学时，学分和学时是计算学生学习量的单位。

六是教学的规范化。教学是由教师的教和学生的学共同组成的活动，是高校的中心工作。通过教学活动，教师有目的、有计划、有组织地引导学生掌握知识和技能，促进学生素质的提高，使学生成为社会所需要的人。

七是考评的规范化。课程的考评包括考核和评估两部分。课程考核是通过笔试、口试或实际操作等方式，考查学生所掌握的知识和技能的活动，是检验教学质量的重要指标之一；教学评估是根据一定的教学目标，对教师的教进行系统检测，并评定其价值及优缺点，以求改进的过程。建立一套规范化的考评体系，是提高课程教学质量的必要保证。

通过上述分析可知，高校任何课程建设都必须规范化，课程规范化是高校课程的生命力所在，主题教育课程也不例外。同时，主题教育课程的规范化建设还有其独特性。

二、主题教育课程规范化建设的基本路径

（一）注重顶层设计，夯实基础性支撑保障

在充分认识主题教育课程规范化构建重要性的基础上，加强对主题课程建设的指导，遵循课程建设理念，在组织领导、制度建设、调查研究、考核评价等层面做好支撑。

一是加强组织领导。组织领导作为顶层设计的重要内容，是思想政治教学运行机制的中枢指挥，是主题教育课程标准化构建的前提条件。组织领导机制能够高效地组织各部门在思想政治教育机制构建中开展工作，确保在政治上的正确性。推动主题教育课程标准化构建要发挥好高校党委的主体责任，通过党委积极谋划布局，形成党政齐抓共管、部门各司其职的领导体制和工作格局，切实加强组织领导和工作指导。

二是强化制度思维。制度问题带有根本性、全局性、稳定性、长期性，而制度思维是对制度的系统化、理性化的思维方式，是建立在对制度充分认识基础上的一种统筹把握全局的思维方式。自党的十九大以来，高校主题教育课程还存在标准、方式、制度等多方面亟待完善的问题，以制度思维作为主题教育的顶层设计逻辑，从制高点把握主题教育，才能充分发挥政治制度风向标的规范、引领和激励作用。学校要通过宏观把控，坚持立德树人的根本目的，从制定主题教育课程目标、基本原则、主要内容、组织要求等方面着手，加强政策指导，规定课程建设标准，构建主题教育内容体系；教师通过微观调控，根据学生的群体与个体特征，开展共性化、个性化与分众化的主题教育班会，设计授课教案，以学生的具体学情、实施的具体过程、内容的重难点等为方式导向，确保课程的针对性，建设规范化的主题教育课程体系。

三是注重调查研究。调查研究是我们党的传家宝，是做好各项工作的基本功。习近平总书记指出：“调查研究是谋事之基、成事之道，没有

调查就没有发言权，没有调查就没有决策权。”当前主题教育的课程实施中仍旧存在认识程度不高、系统化效应不强、系列化内容不全、师资胜任力不够、学生获得感不足等问题，主题教育的课程规范化构建必须以调查研究为基础，以解决实际问题为目的，以深入系统梳理为手段，综合运用走访调查、蹲点调查、典型调查、实地考察等方法，尤其要注重学习和运用好网络化、智能化等新手段，从而更全面、更深入地了解学生的真实想法，将比较成熟的调研结果，及时上升为决策部署，转化为具体措施，提高调查研究工作的及时性和科学性。

四是健全考核评价。科学设计合理的教学考核评价体系，树立以人为本、注重发展、重视过程的现代教育评价理念，完善考核内容、规范考核标准，采用多主体评价、过程评价等方式对授课教师胜任力、设计构思、内容层次、师生互动、学生收获、形式创新等方面进行评价。

（二）强调教师主导，激发多元主体共同参与

主题教育课程的标准化构建要发挥辅导员的主导作用、学生的主体作用、其他育人队伍的协同作用，以积聚力量，形成全员育人的良好局面。

一是辅导员要发挥主导作用。辅导员是主题教育课程标准化构建的组织者、实施者，要提升辅导员的职业能力。首先，加强辅导员队伍建设，关键是辅导员要树立上好主题教育课程的信心。主题教育课程标准化构建具有长期性、规范性、高标准的特点，辅导员要树立上好主题教育课程的信心，可以通过理论学习、业务培训、实践锻炼、教练工作坊、典型示范、交流研讨等途径增强信心。其次，辅导员要提高政治素养。辅导员自己要坚定理想信念，不断提高政治素养和理论素养，这样才能把主题教育课程上得有底气、讲得有力度。再次，辅导员要提高业务能力。要搭建多样化平台，提高辅导员开展主题班会的本领。例如，建立辅导员集体备课制度，开展主题教育课程教案评比、说课评比和示范展示活动，打造主题教育案例资源库，组建主题教育课程教研组、工作室等，邀请专家、教学名师进行带教指导，着力加强辅导员队伍能力建设。

二是学生是重要的参与主体。主题教育课程标准化构建离不开学生的参与，在日常教育教学中要增强学生参与意识，发挥学生的主体性。

在主题教育课程标准化构建的政策制定环节，要做到民主、公开和公正，通过问卷调查、走访座谈等途径广泛征求学生的意见建议。通过学情分析为学生精准画像，找出学生群体和个体的关注点和兴趣点；通过教案设计聚焦主题，采用学生乐于接受的方式，让主题班会内容易于被学生理解和接受；通过师生互动、生生互动，发挥学生的主动性，使学生善于思考、善于提问，深度学习；通过实时反馈和效果评价，引导学生自觉和自主地学习。

三是其他队伍是重要的协同育人力量。优化校内各部门的主题教育协同育人意识，完善协同育人机制。例如，学工部门要规范责任体制、统领全局，教务部门要提供合理的课程序列以及教学支撑建设，教师工作部门应当注重稳定、专业的师资队伍建设，服务管理部门应当提升服务意识进行科学化的管理，信息部门要提供教学技术与媒体上的支撑与保障。要充分发挥校外各方力量独特的育人优势，在资源上为学校提供课程应有保障，在问题上为学校提供课程独特视角，在方式上为学校提供课程授课形式，推动主题教育的多元化开展。

（三）创新方式方法，提升主题班会育人实效

大学生主题教育课程标准化构建要坚持守正创新，既要继承传统的方式方法，又要紧跟时代锐意创新，不断增强课程的时代性、创新性和实效性。一是优化教学话语风格，提升话语的吸引力。青年学生思维活跃，容易接受新鲜事物，要用青年学生喜闻乐见的教学话语风格，用“身边人”说“身边事”，让学生坐得住、听得懂、有共鸣，从而提升主题教育课程的亲和力、针对性。二是精选教学方式方法。要综合运用精准滴灌式、互动启发式、情景体验式、实践活动式、分组研讨式、叙事呈现式等教学方式方法，让学生从被动的受教育者变成主动的自我教育者。三是改进技术手段。利用人工智能技术、云技术、虚拟仿真技术等现代信息技术手段，提高主题班会科技含量，使主题班会有趣、生动。四是拓展实施场所。在晚点名教室开展主题教育课程是最传统的形式，还要积极开拓诸如学生社区、图书馆、校史馆、博物馆等校内场所，纪念馆、展览馆、田间地头等校外场所。同时，也可以探索打造主题教育课程的智慧课堂、空中课堂和行走的课堂等。

三、主题教育课程规范化建设的具体要求

（一）课程定位到位

大学生成长主题教育课程建设指南明确指出，主题教育课程前身为大学生思想政治主题教育课程，由各学院、学部相应年级辅导员在晚点名课堂中授课。自 2021 年 9 月起，名称变更为大学生成长主题教育课程，进入 2021 级人才培养方案，在教务系统中排课管理。该门课程由党委学生工作部负责课程研发、统筹管理，本科生院负责课程平台管理和建设。进入学生人才培养方案，意味着该门课程是每个学生的必修课程，在大学生思想政治教育中担负着重要使命，是对其他思想政治理论课的有效补充。

（二）教学大纲到位

主题教育课程的教学大纲是教师进行课程教学的主要依据。但是由于主题教育刚刚从思想政治教育当中分离出来，大纲参考并不完善，没有涉及一门课程教学大纲所必需的教学目的、任务、知识、技能、教学进度、教学形式、考核方式及教学时数分配等，因此，课程建设方面仍旧缺乏统一的、科学的标准化体系，再加上当今时代的飞速发展，许多内容往往伴有滞后性的问题，不能起到教学大纲的作用，更没有约束力。各学院开设什么专题、怎么开、开多少，完全由各学院自行决定，严重影响了这门课程的规范化建设。因此，要进一步完善和规范课程指南，在原有内容的基础上，坚持立德树人的价值追求，结合大学生的身心特点，注重共性的教学目的、学生掌握知识和技能的课程建设同时结合各专题的基本内容，确定必修专题和选修专题的名称和数量、教学要求、教学方法、考核要求等，使课程指南真正起到教学大纲的指导和约束作用，强调课程指南对教学指导的权威性。

（三）教学内容到位

主题教育课程教学内容建设指南明确规定了不同阶段学生的授课内容，虽然在实际授课中强调各单位结合学生实际情况自主创新、强化特

色，但是其中一些共性的授课内容、基本的授课理论和方法等构成了主题教育课课程体系的基本内容，也是课程规范化建设的重点。从主题内容来说，主要包括意识形态教育、新生适应性教育、校史校情教育、校纪校规教育、校风学风教育、消防安全教育、防盗防骗教育、心理健康教育、生涯规划教育、学业辅导教育、就业指导教育、学生资助教育、创新创业教育、劳动实践教育、榜样示范教育、学生骨干培养教育、网络思政教育等方面。这些共性课程以及各学院开发的个性化课程，构成了主题教育课程教学内容的系统性和实效性。需要指出的是，在主题教育课程教学内容的规范化建设上，要注意该门课程教学内容的边界，虽然这门课程涵盖众多内容，也涉及其他思想政治理论课的教学内容，并且随着形势变化还需要及时更新教学内容，但它绝不能代替其他思想政治理论课教学，有的教学内容如社会主义核心价值观教育、社会主义法治教育等，仍由其他思想政治理论课来完成，该课程不能越俎代庖。

（四）学分与学时匹配到位

在高校教学管理中，学分和学时基本上是对应的，一般来说，1 个学分相当于 16～18 学时。此前的主题教育课程课时分布为大学一年级每个学期 8 个课时，二、三年级每个学期 4 个课时，四年级上学期 4 个课时，对应的学分为共计 2 个学分。后来为衔接人才培养方案的学分要求，自 2019 级起劳育理论课被纳入新时代大学生分众化主题教育课程，大学一年级、二年级每个学期 8 个课时，大学三年级每个学期 4 个课时，大学新时代大学生分众化主题教育课程时长和安排不变，其他年级按原思想政治主题教育方案运行，对应的学分为 3 学分。由此出现了学分要求和学时要求在匹配上的出入，在课程教学管理上需要进一步规范，否则给学校管理部门、教师和学生的感觉是这门课很随意。因此，在主题教育课程的建设中，需要进一步调整和完善主题教育课程的总学时与总学分的规定，使二者形成符合高校实际的合理的对应关系，并具体规定课程的学时（如 36 学时对应 2 学分）和开课学期及每学期开课学时数等，增强高校实际教学管理的可操作性，保证课程规范化建设落到实处。

（五）师资队伍到位

主题教育课程教学内容的特殊性对教师的素质提出了特殊的要求，

这主要表现在：要有良好的政治理论素养、高度的政治敏锐性、熟悉大学生思想特点和成长特点，以及高超的教学艺术等。近年发布的主题教育课程指出："大学生成长主题教育课程的前身为大学生思想政治主题教育课程，由各学院、学部相应年级辅导员在晚点名课堂中授课。""由于课程进入人才培养方案，按照开课要求，各学院应安排专职辅导员授课。"因此，在实际的授课队伍中，会出现某些课堂缺乏专职辅导员担任教师的情况。所以在实际教学过程中，要通过专职辅导员与其他高素质思想政治教育授课教师两个团队的有机结合，构建起以专职辅导员为主、其他授课教师相结合的教师队伍，提高课程教学质量。

（六）教学管理机构到位

主题教育课程的机构管理权责划分问题直接影响到这门课程的规范化建设。主题教育课程的课程教学形式的性质决定了它的教学管理工作理应由高校思想政治理论课教学管理机构来主管，其他各部门只能协助管理，只有这样才能把这门课程的规范化建设落到实处，而且对主题教育课进行教学管理也是高校思想政治理论课教学管理机构的分内之事，因为主题教育课是高校思想政治理论课之一。因此，主题教育课程建设中明确规定，成立本科生思想政治主题教育课程组，挂靠党委学生工作部，学工部部长任课程组组长，1 名学工部副部长、马克思主义学院教学副院长任课程组副组长，组建主要由马克思主义学院专业教师、学院副书记、辅导员、班主任等人员组成的教研团队，具体负责本科生思想政治主题教育课程教学资源的研发与建设，全面保障课程建设与运行。

（七）考核到位

考核评价不仅包括对学生的评价，同时也要将教师的教学纳入主题教育评价考核体系之中。一方面，考核是检验学生掌握主题教育课程教学效果的重要环节。目前运行的主题教育课程大多数是每学期考核一次，每学期计入学生成绩册。但在具体的教学实践中，存在计分标准不一、考核流于形式等问题，影响到课程的规范化建设。另一方面，教师承担着对学生进行主题教育的重任，关系着国家和民族的未来，但是当前教师的评价考核制度仍旧不够完善，指标不够系统。因此，还须继续加强课程考核制的实施探索，同时创新多种考核形式，要努力将授课教师的教学改革成果、教学质量评价结果纳入教师考核评价中，鼓励教师开展有效的教学工作与理论研究，使考核能真正起到检验学生学习情况和教师教学情况的规范课程作用。

四、主题教育课程规范化建设的几点思考

第一，在课程内容上要处理好共性课程与个性课程的关系。一般而言，一门课程的规范化水平如何，主要是从课程的目标、内容、结构和评价四方面来考察。主题教育的共性通识课程以国家对大学生思想政治教育的内容及要求为指南，并充分结合大学生学习成长需求，不断丰富和充实课程教学内容。个性专题课程则是根据不同学院、不同专业学生特点及辅导员的知识背景，开展自主性、差异化的课程建设。如何妥善处理好教学内容中个性化课程开发要求与核心知识点对知识体系规范性的严要求之间的关系，是对主题教育课程规范化建设的首要考验。

第二，在课程设置上要处理好“规范建设”与“特色创新”的关系。主题教育课程在我校的设置形式上历经多次调整，从最初的主题教育活动、到固定进入晚点名课程、到进入人才培养方案，并最终单列为一门课，在规范化建设方面迈出了非常重要的几步。为进一步提升教学效果，各学院在教学上创新，包括教学环节的多样化（增多实践课程、学生自我展示）、教学组织形式的灵活化（与主题团日党日活动结合、与专题报告结合）等。但从建设指南来看，主题教育课程作为单独的一门思想政治理论课的地位需要进一步巩固和明确，对其教学安排、教学内容和教学形式上需要做更多的思考和研究。

第三，在课程建设上要处理好“品牌创建”与“务求实效”的关系。主题教育课程建设指南中指出，各人才培养单位要结合学生实际，充分依托本单位专业学科育人优势，着力打造学生新时代大学生分众化主题教育品牌，形成好成果、好经验、好模式。这是对国家“全员育人”“学科德育”的积极响应，是提升课堂教学效果、增强立德树人的重要举措。同时，针对主题教育课程教学效果的评价，要科学区分于其他课程的教学，更应紧密结合教学目标、体现自身教学特色，达到解决思想与实际问题相结合的目标。

第五章　大学生分众化主题教育的组织实施

大学生分众化主题教育的组织实施能否顺利进行直接关系到分众化主题教育的成效。研究大学生分众化主题教育的组织实施，即针对教育过程进行展开，主要是对分众化主题教育的教育者、受教育者这两个主体，以及教育手段、教育方法、实施场景、教育机制的运行等进行系统分析，构建出大学生分众化主题教育的基本环节、把握其运行机制有助于更好地对教育对象进行系统性、差异化的教育，提高大学生分众化主题教育的科学性和有效性。

第一节　大学生分众化主题教育组织实施的特征

大学生分众化主题教育是通过对教育对象分类分层，围绕群体、个体差异而设计实施的具有一定规律性、层次性主题内容的教育活动。要明确大学生分众化主题教育如何进行组织并实施，首先就要明确大学生分众化主题教育组织与实施所涉及的概念、特点和要素，并对此进行分析。

一、分众化主题教育组织实施的概念

要明确大学生分众化主题教育组织与实施过程中所涉及的概念，需要从以下几个角度进行理解。首先要明确，大学生分众化主题教育的组织实施是一种动态的教育活动；其次，该教育活动的组织实施具有特定目的性，其目的与思想政治教育的目的具有一致性；最后还要认识到，大学生分众化主题教育的组织实施体现为教育者与受教育者双向互动，既离不开教育者的组织、引导和教育活动，同时也离不开受教育者的主

观能动性的充分发挥。

（一）大学生分众化主题教育的组织实施是一种动态的教育活动

大学生分众化主题教育的组织实施关注的既是整个教育活动的过程，也是受教育者个体需求和特点的过程，组织实施的主体既要充分把握教育对象的需求特点和类别划分，也要充分利用好教育资源、教育场景和教育手段对主题教育活动展开、运行和发展的流程。在这个过程中，既蕴含着制度规范、内容标准和教育规律等规定性要求，也蕴含着由于个体成长、社会发展、场域多元而形成的教育手段、教育目标的动态调试过程。如前章所述，“分众”一词突显出教育信息传递的差异性和针对性，根据学生的实际情况，采取不同的形式、途径、措施，实现教育目标。在这一过程中，学生的需求变化、成长发展的动态性，决定了分众化主题教育组织实施的形式、途径和措施应及时根据学生的成长特点和需求变化而适时调整。从主题教育的概念出发，教育内容的设计是围绕大学生人才培养的应然目标展开，通过与时代发展、社会经济发展和国内国际形势相关联的一系列教育主题设计，使学生获得相应的政治素养、价值观和行为规范。社会生活不断发展变化，受教育者也将随环境和自身状况的变化继续学习社会知识、价值观念并适时调整自身行为规范，接受新的期待和要求，承担新的责任和义务，以适应社会变化的需要。

（二）大学生分众化主题教育的组织实施具有特定目的性

思想政治教育本就与一般自发的活动不同，需要根据教育目的组织起来。要依据一定的社会要求和受教育者精神世界发展的需求及其思想实际所确定的思想政治教育目标来组织思想政治教育活动①。而大学生分众化主题教育属于思想政治教育范畴，是高校实施思想政治教育的一种形式和途径，因此，组织实施大学生分众化主题教育，其目的与思想政治教育的目标具有一致性。通过大学生分众化主题教育的组织实施，最终实现思想政治教育的目标——使受教育者在思想上与主流意识形态趋

---

① 张耀灿，郑永廷，吴潜涛，等. 现代思想政治教育学［M］. 北京：人民出版社，2006：325.

同，在政治上具备合格政治素养，在道德规范上达到社会要求的过程。但从分众化的组织形式来看，其每个阶段的目标又存在层次性。

首先，分众化主题教育的组织实施与思想政治理论课的目标辩证统一。分众化主题教育的实施与高校思想政治理论课的开设，都是高校开展大学生思想政治教育的途径和方式，二者统一到思想政治教育的最终目标中。但二者所承担的功能和组织方式又不尽相同。思想政治理论课是思想政治教育重要的理论基础，是通过高等教育的规范课堂形式进行的知识传递，重在建立知识和概念体系，掌握思想的方法。而分众化主题教育从组织形式上看，既有课堂的形式，也有实践的形式，既有理论宣讲，也有情景体验。其呈现方式、载体更为灵活丰富，其目的更趋向于在大学生群体中建立更深的情感体验和行为趋同。

其次，分众化主题教育的组织实施的目标是短期目标与长期目标的结合。学习政治技能、转变（趋同）价值观念、内化道德规范是一个长期的、不断深化的过程。分众化的组织实施就是将长期目标根据受教育者的学习阶段、个体发展阶段的不同分解为若干个短期目标，以达成最终目标的过程，每个阶段的短期目标是递进、叠加和反复强化的关系。

（三）大学生分众化主题教育的组织实施体现为教育者与受教育者双向互动

作为高校思想政治教育的重要载体和具体形式，大学生分众化主题教育的组织实施当然离不开教育者的组织、引导和教育活动。教育者对受教育者思想政治素质的形成在采取分众化实施的策略上、教育针对性的设计上和具体教育方式、方法的选择上都起着重要的主导作用。可以说，决定分众化主题教育是否有效的关键因素，是教育者在分众化教育这一过程中根据受教育者特点所选择采取的一整套方式、方法和策略。分众化强调受教育对象的主观能动性，即分众化主题教育的组织实施所能获得的成效取决于受教育者的主观接受。针对“组织实施”这一过程而言，有很强的教育者主导性特征，但是受教育者是否可以作为组织实施的主体而开展自我教育呢？答案是肯定的。作为思维活跃、不重视权威、自我意识越来越强的当代大学生群体，分众化主题教育不仅是教育者和受教育者思想、价值观念和情感的双向互动，更需要通过受教育者群体强有力的自我组织和自我管理，在日常生活的行为中寻求规范、标准，在实践中寻求对理论的验证，从而实现分众化主题教育的目标。

由此可见，大学生分众化主题教育的组织实施是一个动态的、具有特定目标的、主体性和主导性相统一的互动性教育活动过程。

二、分众化主题教育组织实施的特点

大学生分众化主题教育是高校思想政治教育的具体形式。组织和实施大学生分众化主题教育以实施过程为手段，以实施成效、实施结果为导向，对个体差异性、成长发展阶段性的要求，其组织实施呈现出更强的计划性、系统性和变动性。

（一）计划性

任何形式教育的组织和实施都需要一定的计划，思想政治教育活动的计划性是针对一般社会环境对人的思想政治素质的影响是自然、无序而言的。而从分众化入手，在原有思想政治教育活动的计划性中，作为思想政治教育的组成部分，大学生分众化主题教育的组织实施既是从整体上、从宏观上关切当代大学生思想政治素质成长发展的应然状态，亦是从实际出发，从微观上、从个体上关切当代大学生成长发展的特点，从而制定出阶段性的、个性化的，服从于整体目标和计划的教育手段和教育措施。例如，从分众化视角出发，专门针对大学本科一年级学生群体的主题教育中设立大学课程设置、科研方法、校园环境和管理条款、评优奖励办法等一系列适应性教育内容，可以使大学生尽快融入校园生活，适应本科阶段学习规律，这为今后要开展的生涯教育、创新教育、价值观教育等内容奠定了基础。对在先行的教育活动中体现出极为不适的学生，就可以进行进一步分类开展针对性的调适教育和引导。

（二）系统性

大学生分众化主题教育活动的组织实施不仅仅是教育者和受教育者个体的活动，更多是通过高校整套的教育系统来完成的，比如承担思想政治教育方案设计的党委部门、承担课程教学任务的教育单位以及学生社团、学生组织等。这些部门和组织之间相互配合、相互协作，为了实现共同的思想政治教育目标，在主题教育活动的组织实施上承担了不同的角色，每个角色所发挥的作用和维度不同，相互之间形成了一个系统。

学校的系列思想政治理论课程是系统化的政治课程，它是组织实施主题教育的前提。大学生通过系统化的政治理论课程接收完整的政治理论和政治思想，并通过考试来测验他们对这些系统化的教学内容的理解，以达到政治信息、政治技能传播的目的。

学校的相关职能部门承担为大学生分众化主题教育组织实施建立规范、标准和制度规范的角色。如提供教育资源、教育工具，提供管理制度上的支持——考核和激励，或直接从学生培养的方案设计中进行规范。制度和规范是分众化主题教育的组织和实施是否有效的重要支撑，也影响着施教者、受教者双方开展主题教育活动的积极性和能动性。

群团组织是大学生分众化主题教育组织实施的重要机构。一方面，群团组织来源于学生，体现着自我教育、自我管理和自我服务的作用，是从受教者出发容易调动其主观能动性开展自我反思、自我审视和横向交互的场域和空间。群团组织开展的群体性、实践性活动，是受教育者审视规范理论教育、检验理论成果的重要方式和场所，群团组织所开展的参与校园治理、反馈意见建议以及带有政治模仿性的活动，都为受教育者掌握政治技能、观察社会发展、获得政治认知提供了直接的、直观的体验。另一方面，群团组织又在学校党委的直接领导下，其工作开展是围绕着思想政治教育的整体目标而服务的，其运行机制是在学校整体的机制中互动和联系的。

因此，大学生分众化主题教育的组织实施是高校场域内的一整套完整的组织系统，其间各要素格子通过相互作用与联系，共同推动自身和整套的全面均衡发展和教育活动的顺利进行。

（三）变动性

大学生分众化主题教育组织实施的本质是对特定群体学生进行特定主题的思想政治教育活动的组织和实施。我们在前一部分讨论它的概念时，谈到了动态、特定目标和主体间性的问题。分众化主题教育组织实施围绕教育活动的目标展开。第一，其要充分考虑主题教育的动态特征，要根据学生的发展特点的变化、社会发展的变化和政策导向的变化而组织的针对不同内容的教育活动。第二，面向同一群体开展特定教育活动时，施教者所采取的方式方法也应随着教育成效的评价和反馈而适时调整。我们知道思想政治教育的过程存在着多端性，可以从知、情、信、行任何一端开始进行教育。因此，根据不同或者相同受教育者的情况，结合教育场域、资源的变化，可以从认知、情感或者行为训练任何一种方式开始，只要是能够调动受教者主观能动性的方式，只要是能够取得主题教育成效的方式，都应当开辟多种渠道，进行有效尝试，最终取得应有的教育成效。第三，我们也应当从整体上观照分众化主题教育组织实施的变动性特征。从分众化视角出发，无论是主题内容的变化还是学生习得相应知识技能的过程，都是一个在认知和反思中不断反复、不断深化的过程。分众化主题教育既有一定的规律，也不能拘泥于规律。归根结底，还是要从“以人为本”的角度出发，关注受教者的特殊性与普遍性，将施教的方式方法与受教者的情况做好适时的匹配，在反复的教育活动组织中和在反复的教育内容强化中不断推进大学生主题教育的成效。

三、分众化主题教育组织实施的要素

分众化主题教育的组织实施能够顺利进行离不开多种多样的要素，其中最重要的要素有三点，即教育者、受教育者和教育介体。从主题教育活动组织实施的系统性特点出发，教育者主体即是高校场域内的机构、组织，也是施教者个体，其按照思想政治主题教育的特定目标和内容，按照分类标准和受教者个性特点，借助一定的教育媒介，运用一定的方法激活教育内容，对受教育者进行差异化教育，而受教育者在接受教育内容时通过发挥自我的主观能动性参与到教育活动中，或参与到某些自发性组织中，将结果反馈给教育者或者社会媒介，通过教育者、受教育者和教育介体三者的相互作用，共同完成分众化主题教育的组织实施。

（一）教育主体

教育主体是施教者，也是设计运行主题教育的相关机构和职能部门。我们在论证主题教育组织实施的系统性部分中对教育主体在整个系统中发挥的作用进行了详细阐述。我们还可以从广义上看，在高校场域外，还有不少机构和团体也参与到了分众化主题教育活动中，比如部分政府机关、事业单位，他们直接或间接参与到高校学生的思想政治主题教育中，并且作为权威知识的来源成为重要的知识传递力量，比如国家安全机构开展的国家安全教育活动、消防机构开展的消防安全教育活动、疾控机构开展的疾病预防教育活动和红十字会组织的志愿服务活动等。这些参与了分众化主题教育活动，从教育活动的场域上看无论是高校内部还是外部，提供了教育内容和一定形式教育活动组织形式的机构，都应成为教育主体。教育主体是分众化主题教育的组织者和引导者，在教育活动过程中处于主导地位，引领整个教育活动的进行。

（二）受教育者主体

在大学生分众化主题教育的组织实施过程中，大学生群体具有两个层次的身份涵义。第一，大学生是教育对象，即受教育者。第二，受教育者在分众化主题教育的组织实施过程中亦是教育主体。从前述分析中得知，分众化主题教育的组织和实施是一个教育者与受教育者双向互动的过程，要使受教育者充分发挥主观能动性达成教育成效，应当激发其自身的自我教育、自我管理意识，甚至组成由受教育者为主体构成的机构或者组织充当教育者主体的角色。因此，大学生群体既是受教育的对象，在现代高等教育中，也是教育主体。因此，在考察大学生分众化主题教育的组织实施过程中，既要对大学生作为教育对象进行群体划分、层次划分，分阶段、分步骤、分类别实施主题教育，也要重视学生群团组织的自我教育和自我管理作用，尊重学生的主体性，通过观察、引导、提示、示范和自我观照、翻转课堂等多种方式树立学生获得主题教育活动成效的主观意识。

（三）教育介体

分众化主题教育的介体不仅包括运用的各类教育方法、教育资源、教育环境、教育手段，也包括主题教育的内容。即为教育主体用来组织实施主题教育活动的内容以及实现这一活动目的的方法和手段的总和。在前述章节中，我们对主题教育内容的设计进行了详细阐述，在下一节中，我们将系统阐述分众化主题教育组织实施的方法和过程。

第二节　大学生分众化主题教育组织实施的方法

方法是人类认识和改造世界的方式、途径和手段的总和，科学方法是推动事物向前发展的重要推动力。大学生分众化主题教育组织实施的方法是指教育者围绕特定教育主题，面向不同学生群体，在传递教育主旨和教育内容过程中所采用的方式、途径和手段。党的十八大以来，习近平总书记先后参加全国高校思想政治工作会议、学校思想政治理论课教师座谈会等重要会议，对做好新时代大学生思想政治教育工作提出了新论述、新要求。新时代背景下，“做好高校思想政治工作，要因事而化、因时而进、因势而新。要遵循思想政治工作规律，遵循教书育人规律，遵循学生成长规律，沿用好办法，改进老办法，探索新办法，不断提高工作能力和水平”①。大学生分众化主题教育是落实立德树人根本任务、推进思想政治教育高效开展的重要举措，我们要结合我国思想政治教育基础理论和实践经验，积极探究构建新时代大学生分众化主题教育组织实施的方法体系，为教育活动开展提供多元化的方法选择，有力保证大学生分众化主题教育组织实施的科学运行。

一、大学生分众化主题教育组织实施的主要方法

在组织实施大学生分众化主题教育时，应根据不同的教育目的、教育主题、教育内容、教育环节、受教育特点、环境具体情况等进行选择，切忌盲目采取单一的方法，而应注重多种方法的优化整合。通过多种方法的组合使用，形成教育内容传递、接受与转化的有效途径，从而达到良好的教育实效。大学生分众化主题教育组织实施的主要方法有理论教育法、实践教育法、榜样教育法、仪式教育法、网络教育法、咨询辅导法等。

（一）理论教育法

理论教育法是有目的、有计划地对受教育者进行理论知识传授的教育方法，旨在培养受教育者的科学思维和理论素养。在大学生分众化主题教育中，讲座、报告、论坛、沙龙、座谈以及课堂教学等活动形式中都会使用到这种方法。这是分众化主题教育组织实施中最常见的方法，它的优点在于可以比较系统地的提升学生的理论素养和科学思维，但是局限在于容易使受教育者感到枯燥乏味，教育效果难以保证。所以，在

① 习近平. 把思想政治工作贯穿教育教学全过程开创我国高等教育事业发展新局面［N］. 人民日报，2016-12-09.

采用理论教育法开展大学生分众化主题教育活动时，要注意以下几个方法在理论教育中的运用。

第一，个体差异化教育法。理论教育要保证效果很重要的在于要重视个体差异，了解学生的学习需求，激发学生的学习兴趣。在分众化主题教育组织实施中要注意群体的细分，充分了解大学生的学习风格和偏好，设计相应的活动策略和方法。注意通过了解学生的兴趣、才能、学习习惯等方面的信息，设计有针对性的理论教育活动任务，以满足不同学生的学习需求。

第二，问题导向教育法。以问题为驱动，引导学生自主探究，结合个人实际提出具体问题，在探索问题、解决问题、总结问题的实践过程中不断培养问题意识，激发学生自主思考和独立研究能力。

第三，反思性教育法。鼓励学生进行反思和自我评估，促进学习效果的提高。通过反思学习，学生能够深入思考所学知识的价值和应用，加深对主题内容的理解和记忆。

（二）实践教育法

实践教育法是通过实际操作和实践活动进行教育的方法，其核心要义在于让学生在直观具体的实践活动中体验、学习、内化和成长。在大学生分众化主题教育组织实施中，项目学习、社会实践、实习实训、创新创业、美体活动等都是促进学生学习和成长的实践教育方式。这种方法的优点在于将理论知识与实践内容相结合，让学生在实践中掌握知识，培养能力，提升素质，并持续激发学生的学习兴趣和动力，提高学习效果。

第一，项目学习。以项目或任务为牵引，组织学生参与项目活动，引导学生在实践中学习和解决问题。在项目实施中，通过设立具体的项目任务和目标，引导学生分组合作，开展调研、实验、设计等活动，培养学生团队协作、解决问题和创新的能力。

第二，社会实践。组织学生参与社会活动，观察社会百态，让学生走出校园，亲身体验社会生活和实际工作。通过社会调查、参观走访、公益劳动、志愿服务等形式，提高学生的社会认知，增加学生的社会责任感，提升学生的具体实践能力，促进学生的自我成长和发展。

第三，实习实训。为学生提供真实的工作环境和任务，组织学生到相关学校、企业、机构等进行实习实训。通过实习实训，引导学生将所学知识、技能应用到实际工作和现实环境中，增进学生对职业环境和就业市场的了解，提升学生的职业素养和实践技能。

第四，创新创业。鼓励学生进行创新和创业实践。通过提供创业课程、创新竞赛等机会，激发学生的创新思维和创业潜能。通过创新创业实践，培养学生的创造力、团队合作和市场意识，同时以创新带动创业，以创业带动就业，促进更多的高校毕业生高质量创业就业。

第五，艺体活动。美育和体育并举，组织绘画、摄影等艺术展览，诗歌、小说等写作比赛，音乐会、戏剧表演等系列美育活动，引导学生在展示、欣赏、理解和感受艺术的同时提高思想认识，提升艺术素养。同时组织开展趣味运动会、球类比赛、晚间健步走等符合大学生特点的素质拓展体育活动，增强学生身体素质，强健其体魄，丰富其思想，不断充实校园文化生活。

（三）榜样教育法

榜样教育法是运用正面人物的优良品格、优秀品质和模范行为对学生施加德育影响的一种教育方法。在大学生分众化主题教育组织实施中，通过选取榜样人物开展分享会、导师计划、事迹展示、故事推介等方式，激发学生的思想情感共鸣，激励和引导学生的学习和成长。这种方法的优点在于有较强的引导性、生动性和激励性。

第一，榜样分享会。在充分了解学生对于榜样需求的基础上，邀请不同领域内的成功人士、优秀校友等来校园分享自己成长成才的故事和经验。通过榜样人物的示范和激励，让学生了解成功的路径和挑战，激发学生追求卓越的动力。

第二，榜样导师计划。组织学生与榜样人物进行小组导师制的交流和指导。榜样导师可以在和学生沟通交流的基础上，根据学生自身特点有针对性地提供相关实践经验、专业指导和个人成长建议，帮助学生制订适合自身学习和发展计划。

第三，优秀案例展示。收集和展示具有典型性、适应性的成功案例，让学生了解和学习具体的实践经验。组织学生进行案例分析和讨论，引导学生思考如何将成功经验应用到自己的学习和生活中。

第四，榜样故事推介。通过校园媒体、社交平台等不同媒体渠道，向学生推荐成功人士的榜样故事。以正向的社会舆论导向，启发学生的思考和行动，激发他们向榜样迈进的动力。

（四）仪式教育法

仪式教育法是指教育者通过有目的、有计划和有组织的仪式活动来对学生施加教育影响的一种教育方法。其理论依据是教育学中的情境教育理论和美学中的移情作用理论。在仪式教育的情境中，学生能够得到陶冶和信服的心理体验。在大学生分众化主题教育组织实施中，通过引导大学生参与纪念性仪式、表彰性仪式和开闭幕式等有特定程序和规则的活动，帮助学生更好地理解社会、集体和自我，更好地了解和传承优秀传统文化，更好地培养他们良好的思想品德和行为习惯。这种方法的优点在于有较强的感染性、生动性和参与性。

第一，纪念性仪式。这类仪式通常在重要的纪念日或者特定的节日进行，比如雷锋纪念日、抗日战争胜利纪念日、“一二·九”运动纪念日、国家公祭日、植树节、清明祭扫烈士墓、“五四”青年节、教师节、国庆节等。在这些节日里，组织一系列的活动，如升旗仪式、唱国歌、集体宣誓等，以此来激发学生的爱国热情，增强民族自信心，坚定实现中华民族伟大复兴中国梦的理想信念。

第二，表彰性仪式。这类仪式通常是对优秀师生进行表彰和奖励。例如，学期或学年结束时，举行各类竞赛活动的总结性表彰，以及为优秀师生个人和集体举行的表彰仪式。这些仪式的目的在于激励学生努力进取，激发学生学习热情，鼓励学生向榜样学习。

第三，开幕式、闭幕式。这些通常是在举办大型活动时进行的，比如开学典礼和毕业典礼。高校开学典礼是新生进入高等教育阶段的重要仪式，象征着新身份的转换，还具有丰富的教育内涵。闭幕式则是对活动结束后的总结和回顾，可以更好地激励和鼓舞参与者，促进他们的成长和发展。

（五）网络教育法

网络教育法是在现代互联网技术的基础上，形成的具有时代性、先进性、创新性的教育方法。在大学生分众化主题教育组织实施中，我们需要跟上信息化发展步伐，积极借助互联网技术手段和网站、微信、微博等新媒体工具，通过开展线上活动、制作和发布新媒体资源等方式教育、引导学生，助力学生全面发展。这种方法的优点在于有较强的灵活性、便捷性、生动性和互动性等。

第一，开展线上活动。可以组织一些线上主题教育活动和课程，例如网上理论学习、网上主题讨论、网上心理咨询等，通过这些活动增强学生对主题教育活动的兴趣和参与度。

第二，利用新媒体平台。可以充分利用新媒体的功能，例如通过微博、微信、抖音等平台发布与主题教育相关的信息，同时也可以通过这些平台与学生进行互动交流。

第三，制作和发布新媒体资源。可以将主题教育内容制作成图文、音频、视频等多种形式，并通过网络平台发布。例如可以制作一些关于社会主义核心价值观、爱国主义等方面的微电影、宣传片、动画等。

第四，利用网络互动社区。可以在论坛等网络互动社区中开设思想政治教育版块，鼓励学生发表自己的观点和思考，同时也可以通过这些平台了解学生的思想状况，及时发现和解决问题。

（六）咨询辅导法

咨询辅导法是一种基于专业知识和技巧，通过与受教育者进行平等、互动和非强制性的交流，帮助受教育者解决思想和行为方面的问题，促进其自我认识和发展的方法。在大学生分众化主题教育组织实施中，咨询辅导是一种重要的支持和指导方式，通过个案咨询、小组辅导、培训研讨、资源共享等方式帮助学生解决学业、就业、毕业和心理健康等方面的问题，从而帮助大学生更好地进行个人成长和发展。这种方法的优点在于有较强的针对性、互动性和发展性。

第一，个案咨询。通过一对一面谈的形式，让学生与辅导老师进行深入交流和讨论。辅导老师通过运用自身专业知识，帮助学生理清问题、制定具有针对性的解决方案，并给予相关的支持和建议。

第二，小组辅导。在小组的集体讨论中，通过互动和分享，帮助学生更好地认识自己、理解他人，并共同解决问题。辅导老师作为组织者和引导者，可帮助促进沟通和学习。

第三，培训研讨。通过组织相关的培训和研讨会，提供专业知识和技能的培训。学生在专业课程的培训中能够不断深入了解自己和他人，在了解问题、发现问题和解决问题的过程中获取实践经验和解决问题的方法。

第四，资源共享。建立共享资源库，将线上、线下资源相结合。向学生提供相关的学习资源和资料，帮助他们更好地了解和应对成长的挑战，包括书籍、文章、视频等多种形式的学习资料。

二、大学生分众化主题教育组织实施的方法应用

毛泽东曾指出，“我们的任务是过河，但是没有桥和船就不能过。……不解决方法问题，任务也只是瞎说一顿”[①]。在这里，毛泽东将方法比喻成过河的桥，是完成任务的重要一环。然而，方法是否能够得到正确科学的应用则是解决问题的关键步骤。开展大学生分众化主题教育，除了要选对方法，还要用好方法。

（一）个性化应用

一是要了解和尊重个体差异，并在了解差异的基础上进行梳理，精准地描绘出用户画像。教育是一种有目的地培养人的社会活动，教育的目的在于影响和促进人的发展，培养人的实践意识和能力。因此，要始终立足于“人”本身来开展教育活动。但由于人的发展的主客观条件不一样，其发展的过程和结果也有差异，这就需要精准识别教育对象的思想状况和特征，有的放矢，因材施教。

二是要灵活选择活动路径，给予学生自主选择的权力，允许学生根据自身情况进行个性化选择。因受社会发展和成长环境的变化影响，受教育主体的个人需要也会相应发生变化，主要体现在学习求知、社交娱乐、思维方式等方面。对此，教育者应及时精准地把握大学生的实际需求，选择他们感兴趣的内容，积极引导他们满足需求，达到理想的教育效果。

三是能实现个性化的指导，了解学生的学习风格和需求，帮助他们发现和发展自己的优势，并为他们提供个性化的学习策略和技巧。教育

① 毛泽东选集：第一卷［M］．北京：人民出版社，1991：139.

者在把握住大学生的个性化特征的前提下，深入了解学生的学习风格和需求，帮助他们发现和发展自己的优势，并为他们提供个性化的学习策略和技巧，以透彻的学理分析回应学生，以彻底的思想理论说服学生，用真理的强大理论引导学生。

（二）综合性应用

在大学生分众化主题教育组织实施的过程中，一般很少出现一项主题教育活动仅运用一种教育方法的情况，而是围绕教育需求将多种教育方法协调组合运用。综合运用各种主题教育的实施方法的过程，也是一个相互包含、紧密联系的实践过程，但就教育需求来讲，主要从两个方面入手，既要从受教育者的个性需求入手，满足个人的成长需要，也要从社会需要入手，适应社会发展需要。

首先，根据个性需求选择教育方法。一是帮助受教育者提升自我认知。比如通过主题研讨、自由辩论等开放型的对话模式，自由表达自己的思想观点和看法，加强学习的积极性、主动性；又如引导受教育者学会换位思考，树立认知勇气，不拘囿于自己的思想观念，学会耐心地公平地对待那些有强烈抵触情绪或拒绝倾听的观点，提升明辨是非的能力。二是帮助受教育者加强学习求知。通过多渠道的学习方式，不断拓展自己的知识面，尤其是加强社会实践教育。如某直播平台上的《如果国宝会说话》节目就是通过轻松有趣的形式来传播相关知识点，其传播的形式和内容能够受到人们的喜爱；此外，教育者要在内容上把握主旋律，突出时代特色，彰显其价值，不断贴合大学生关注社会关注现实的心理状态，以此来调动大学生参与的积极性和主动性。三是帮助受教育者调适自我心态。社会环境变化、个人成长经历等一系列的因素使得不同的学生有着不同的心理特征。因此，在开展心理健康教育时，要注意方式方法，多应用情境教学模式，增强学生互动性，如心理情景剧的表演等教学内容可以帮助学生进行自我感知和情绪宣泄，更容易加深学生对某种情绪的认知理解以及提高学生自己如何调适面对的能力。

其次，根据社会发展需要选择教育方法。一是要开展以理想信念为内容的教育，增强大学生群体的时代信念感，深刻认识共产党的革命奋斗历史，认清历史发展的必然趋势，从中感受马克思主义与中国特色社会主义的强大力量，不断增强大学生对核心价值观的认同与理解；二是要开展以能力提升为内容的教育，例如思想道德修养、科学文化素质、身体素质、劳动素质等，在社会实践的模式上进行创新，设计丰富多样的主题，加强与实践基地的合作，为学生的职业生涯规划课作出实践检验；三是要开展以培养品格为内容的教育，正确引导其学习社会责任相关知识和参与社会实践活动来深化自身对责任的认知，从而自觉培育社会责任感，引导大学生在实践中主动肩负起自己的责任使命担当。

（三）灵活性应用

开展分众化主题教育，需要转变教学观念，及时了解学生的话语体系和表达，不断改进教育教学方法，以此来增强大学生主题教育的吸引力。

第一，根据教育主题选择教育方法，如混合多元教学法。以线上、线下相结合为代表的混合教学可以突破时空的局限，突出学生的主体地位，增强了教学的交互性。一是要把握网络阵地，针对学生喜爱的话语方式和教学模式，通过线上教育方式开展教育活动，比如青年大学习、学习进行时等等；二是要学会利用新媒体技术，打造有故事性和价值感的内容产品，如对于某个知识点的讲解，可以以 VLOG 的形式呈现，如B站“大象放映”的视频《激荡四十年》系列——16 集的历史回顾类节目，就是通过提炼自 1978 年以来每一年中国发生的故事做成一个视频，让大家了解到了改革开放四十年我国所经历的变化，其中每个视频的播放量都有百万余次。三是努力打造网络名师，教育者充分发挥自身人格魅力，展现修养和气质，利用网络平台打造自己的教育品牌。

第二，根据教育主体选择教育方法，如“双课堂”教育法，即第一课堂与第二课堂相结合的方法。第二课堂是室内课堂教育教学活动的延续，可以让学生通过参与丰富多彩的活动，获得知识与技能，从而激发学生的学习兴趣。理论与实践相结合可以有效提升大学生的教育效果。一是发挥学生会和社团的作用，鼓励学生参加学校学院举办的各项文艺活动和志愿服务活动，提升其团队协作和沟通能力，增强集体荣誉感，培养学生的奉献精神，以此来提升大学生的综合素质；二是积极发挥红色教育基地的作用，通过参观与调研纪念馆、博物馆、红色景点等红色教育基地的方式，丰富大学生的情感体验，强化对历史和理论知识的理解和掌握，为大学生拓展学习新渠道；三是鼓励学生积极参与社会实践和实习，通过实习可以让学生更多地了解就业形势，不断提升专业技能，锻炼实践能力。

第三，根据教育内容选择教育方法，如跨学科融合教学。随着社会对应用型、复合型、创新型人才的培养需求越来越高，突破当前课程教学中的学科界线与壁垒，探讨以学生完整问题解决能力与综合素质培养为基础的跨学科融合教学是当今时代教育发展的需要。开展分众化教育也应不断探索跨学科融合教学。一方面，要致力于营造开放、真实的学习场域，让学生在特定的学习场域中，能够自主、自愿、自如地将跨学科的知识、思想、方法和技巧表现出来，并将其运用到多个学科领域之中，从而建立起多个学科内容资源的互相连接与高效协作；另一方面，要主动地探索多元化的学习方式，为学生提供全面而有个性的发展空间，鼓励学生在“学中做”和“做中学”的过程中，充分利用交叉学科知识，开展项目研究、动手协作和实践创造。

第三节　大学生分众化主题教育组织实施的过程

大学生分众化主题教育组织实施的过程是指教育过程相互关联的若干阶段，也可看作教育者对受教育者施加教育影响所必须遵循的一般工作程序。分众化主题教育组织实施过程从总体上可分为方案制定和实施两个阶段。方案的制定包括收集信息、确定目标和拟订方案三个步骤。在方案制定完成后，还要对分众化主题教育的对象进行群体划分，结合教育方案和已经进行群体划分的教育对象的具体情况优选教育方案，最后确定分众化教育实施的具体环节，最终实施教育方案。

一、方案的制定

大学生分众化主题教育方案制定是指教育者根据受教育者思想品德的发展状况以及分众化主题教育的实际情况，为达到一定目标，遵循一定的原则和程序，制定出各种行动方案并从中选出最优方案的过程。这一阶段必须经历几个基本步骤，这些基本步骤在时间上有明确的先后顺序，在逻辑上环环相扣，每一个步骤都与下一个步骤紧密相连，每个步骤对整个教育方案的制定都是必要的。这些步骤包括收集信息、确定目标和拟订方案。

（一）收集信息

收集信息是分众化主题教育方案制定的第一步。制定方案，目的是要解决大学生分众化教育领域现存的或潜在的某一问题。发现并准确地分析问题是制定方案的前提。收集信息是制定正确分众化教育方案的第一步，通过广泛地收集信息，制定相关方案。教育者要善于从错综复杂的问题或矛盾之中抓住关键点，找到特定时期内受教育者在思想品德和分众化教育中要处理的主要矛盾，并为之制订相应的解决方案。如果只凭借主观臆断来制定分众化教育方案，就有可能与实际情况不符，目标方向也可能会出错，分众化主题教育方案就无法实施或者即使能够实施也达不到预期的效果。

收集信息主要是由教育者完成，信息收集者需要具有良好的信息观念，提高对信息收集和研究的重视程度，确保搜集的信息全面完整，同时需要教育者自身具有良好的分析问题能力。除此之外，还必须对受教育者思想品德的有关信息资料进行充分收集。这些信息不应是零散的残缺的，而应围绕特定目标或问题，相对齐全；必须具有客观性，能客观反映受教育者的思想实际和分众化主题教育的实际；必须具有针对性，应是有序的、系统的、高质量的信息；必须是及时有效的。为使所收集的信息达到这些要求，教育者就要具备明确的信息观念，通过多种方式深入了解受教育者思想品德现状，通过多种途径掌握分众化主题教育的现状、特征及变化发展趋势，了解产生影响的社会环境因素，从而充分掌握制定方案所需要的相关信息，为科学制定分众化教育方案奠定坚实的基础。

（二）确定目标

确定目标是分众化主题教育方案制定的第二步，是建立在前期信息收集的基础之上的，在完成信息收集之后，就要根据信息分析的结果确定解决问题所要达到的结果，也就是确定分众化教育的目标。在确定分众化教育目标时，首先要考虑社会发展的客观要求和受教育者精神世界发展的需求以及近期的思想品德状况，同时还应使目标具有针对性、可行性，具体明确并分清主次缓急。只有这样，才能确定明确而可行的分众化教育目标。确定目标是制订分众化教育方案的关键环节。只有明确了具体的目的，才可以选取具体的教育内容、措施和方法来达到这个目的，还需要按照目的的需要来挑选适当的教育时机，开展分众化教育活动。

分众化教育目标是为达到分众化教育的根本目的服务的，即提高人们的思想道德素质，促进人的自由全面发展，激励人们为建设中国特色社会主义，最终实现共产主义而奋斗。制定目标必须根据不同的时间、对象和环境来制定，既要注重受教育者的思想动态，还要注意社会环境的变化。针对具体的情况，做到有的放矢，教育目标既要适当超越受教育者目前的思想品德基础，有提升其思想品德水平的可能，同时这一超越又不能高到受教育者经过努力也难以达到的高度，避免好高骛远、不切实际、实施起来有阻碍的目标。

（三）拟订方案

拟订方案就是制订分众化教育计划，明确“怎么做”的问题。教育者要拟订数个高质量的备选方案，以便选出满意的方案作为最后确定的行动计划。拟订备选方案一般可分两步进行：构思轮廓，即从多个视角设计出分众化教育的可能方案；设计细则，即通过初步对比与筛选，淘汰掉一些优越性不大的方案，在此基础上，对剩余方案进行细致的设计，并对其实施效果进行预测。

全媒体时代的背景下，教育者需要转变教学观念，了解学生的话语体系和表达，不断改进教育教学方法，以此来增强大学生分众化教育的吸引力。因此在拟订方案的过程中，也需要体现教育方法的优化，主要体现在开展线上线下结合的混合教学、发挥课程思政的隐性教育功能、突出第二课堂的实践教育作用上。

1．开展线上线下结合的混合教学

后疫情时代，随着疫情形势的严峻变化，线上网络教学将可能延续，采用线上线下结合的混合教学还可以突破时空的局限，突出学生的主体地位，增强了教学的交互性。一是分众化教育者线上把握网络阵地，针对学生喜爱的话语方式和教学模式，通过“青年大学习”“爱课堂”等线上教育方式开展理论教育活动。二是分众化教育者要学会利用新媒体技术，打造有故事性和价值感的内容产品，将枯燥难懂的思政理论包装成形象生动的故事；此外，用动漫、视频等方式演绎分众化教育内容，打造通俗易懂有趣味性的知识产品，拉近政治政策与学生的心理距离。三是努力打造校园网络思政名师，教育者充分发挥自身人格魅力，展现修养和气质，利用网络平台打造自己的思政品牌。

2. 发挥课程思政的隐性教育功能

为了最大限度地发挥各类课程的分众化教育功能，教育者们都要积极探索课程思政建设。一方面，思政课教师在完成好本职教育教学工作的前提下，要引导专业课教师融入分众化教育活动中，提升分众化教育的理论素养和实践技能。另一方面，专业课教师要结合专业学科属性，把握和提炼分众化教育的核心要素，并将其与专业知识进行衔接。例如自然科学专业重视培育学生的探索精神和理性思维，师范专业重视培养学生的为人师表等品质，人文社科专业重视将传承中华传统文化、坚定信仰和家国情怀贯穿教学始终。

3. 突出第二课堂的实践教育作用

习近平总书记强调“要重视思政课的实践性，把思政小课堂同社会大课堂结合起来”①。理论教育和实践教育相结合的教育方法可以提升大学生分众化教育效果。第二课堂是室内课堂教育教学活动的延续，可以让学生通过参与丰富多彩的活动项目，获得知识与技能，从而激发学生的学习兴趣。一是分众化教育者要积极发挥学生会和社团的作用，鼓励学生参加学校学院举办的各项文艺活动和志愿服务活动，提升其团队协作和沟通能力，增强集体荣誉感，培养学生的奉献精神，以此来提升大学生的综合素质。二是教育者要积极发挥爱国主义教育基地的作用，通过参观与调研纪念馆、博物馆、红色景点等爱国主义教育基地的方式，丰富大学生的情感体验，强化对历史和理论知识的理解和掌握，为大学生拓展学习新渠道。三是教育者要鼓励学生积极参与社会实践和实习，通过单位实习可以让学生更多地了解就业形势，了解和适应社会，不断提升专业技能，锻炼实践能力。

4. 精心开展协同育人

在推进大学生分众化教育分众化过程中，分众化教育要发挥各方力量，形成合力，发挥协同育人作用。大学生分众化教育要做到激发主体

---

① 习近平．习近平谈治国理政：第3卷［M］．北京：外文出版社，2020：288.

活力，发挥家庭教育作用，加强校园文化建设，不断优化舆论环境。

（1）激发大学生主体的精神动力

提升自我教育能力。一方面大学生在进行理论学习中要不断提升自我认知水平，明晰自身定位。不仅要定位在周围具体生活环境中，还应定位在时代环境下，坚定理想信念，树立责任与担当意识。另一方面，大学生要积极参与实践活动，主动与教育者进行沟通交流，形成良性互动，以便于更好地开展分众化教育。

提升媒介素养。大学生作为信息时代的主力军，其思想观念和政治态度都受到了互联网的影响，他们对于媒介使用较为盲目且缺乏理性，对于媒介获取的信息如果不加以区分和思考，对于未经证实的信息盲目听从，长此以往大学生会逐渐丧失独立思考的能力。媒介信息作为大学生获取信息的主要来源，大学生是否能够准确理性地认识媒介信息也取决于大学生自身的知识结构和思想水平，只有具备良好的品格和较高的媒介素养，才能够在纷繁复杂的媒介信息中避免被误导。

解读和理解、分辨各类信息的能力是当代大学生获得文化素养的必要能力，大学生需要自主地对信息进行分辨和批判，具备健康的批判思维①。需要提升媒介利用的能力，学会利用媒介促进自我提升与自我发展，但也不能形成对于媒体的依赖心理，不能成为媒介的奴隶，而需要成为媒介的主人。

（2）发挥家庭教育的协同作用

家长要引导学生树立正确的价值观。家长的价值判断和行为方式直接影响学生的精神建构。一方面，家长要转变教育理念与方式，注重提高学生的独立意识，在教育生活中以身作则，树立榜样；另一方面，家长要营造平等关爱的家庭氛围，通过言传身教和活动参与等方式传承良好的家风家教，不断强化家庭意识。

（3）巩固学校育人的基础性地位

加强高校思想政治工作人才队伍建设。一是高校要加大对加强思想政治工作人才队伍的投入力度，保持分众化教育队伍的开放性和多样性。一方面提供更多的机会让本校教师走出校园，走进社会其他企事业单位

① 水越申，冉华，于小川泽．数字媒介社会［M］．武汉：武汉大学出版社，2009：59.

深入实践获得直观体验，增强教学技能。另一方面及时更新补充教师资源，构建老中青多层次的思政教师梯队，鼓励教师们相互借鉴学习教学方式。二是高校要加强思想政治工作队伍的数字化培训，扩充知识储备，组建跨学科的教育人才，既要具备分众化教育基本理论与方法，又要掌握数据信息技术与传播学知识，能够搭建起数据平台，搜集和分析大学生的特点和差异化，并且能够对于变化的网络舆情有较强的掌握能力，并能够敏锐地捕捉网络的变化并进行分析和预测，能够通过不同算法、公式获取问题或舆论热点并运用在大学生分众化教育当中，构建起智慧分众化教育体系。例如高校积极开展智能技术培训班、青年网络话语研讨班，同时给予相关研究课题项目的申报支持。三是加强辅导员队伍建设。分众化教育队伍中辅导员的亲和力较强，在与学生的接触中会减少其对分众化教育的抵触，这就要求辅导员通过走访学生寝室，经常保持线上交流等方式去充分认识学生，了解大学生的思想和学习状况，及时纠正不良违纪行为，以此来促进学生成长发展。四是加强校园文化建设。高校应将分众化教育与校园文化建设结合起来，发挥以文化人的重要作用，让大学生在潜移默化中感受到分众化教育。其一是完善校史馆、图书馆等校园基础设施，让温馨的校园环境涵养学生的文化底蕴；其二是努力构建文化标识，将校训及校徽等代表核心校园文化符号的内涵在校园各活动中进行更深层次的应用，在校园指引路牌等细节处进一步彰显校园文化；其三是充分激发大学生群体积极主动参与到校园环境建设中的积极性，可以开展相关实践课程及集体活动来鼓励原创校园文化，例如在华东师范大学校园内的创意涂鸦文化墙和文化雕塑等。

二、方案的实施

分众化教育过程的实施是大学生分众化主题教育的中心环节，对已制订的分众化教育实施方案制定具体的措施。大学生分众化主题教育实施过程的主要任务是结合制定的大学生分众化主题教育方案和对已经进行群体划分的教育对象的具体情况进行优选教育方案，最后确定分众化教育实施的具体环节。

（一）教育对象的群体划分

随着分众化及其相关思维被引入分众化教育学科领域，特别是新媒体时代，力求实现分众化教育精准化将成为重要研究取向。相比较而言，大学生分众化教育分众化命题尽管出现类似研究取向，但对命题的内核性问题——大学生分众化教育分众化之“众”的区分还需要做进一步的讨论。实际上，大学生分众化教育分众化的合理实施，与大学生群体进一步区分（即如何分众）紧密联系在一起。后者往往被称为前者的前提。即是说，只有明确了将作为分众化教育对象的大学生如何分为不同类型群体，才能开展精准施策。近年来，教育对象的层次性与差异性在大学生分众化教育中发挥基础性作用。教育者为了开展有针对性的分众化教育，按照层次和类型对大学生群体划分，这些划分主要包括年龄年级专业、学历层次、政治面貌等外显标准。虽然这些分众标准对大学生分众化教育也起到了部分效果，但划分标准存在不够精细、科学等问题，从而为大学生分众化教育分众化带来了新的挑战，需要更加合乎分众化教育实践要求的分众标准方案。

作为一项关注人的精神世界的价值引领活动，分众化主题教育实践活动有其独特的作用域和作用方式。分众化主题教育做人的工作，关注的对象是人的思想观念、政治观点、道德品质的形成、变化和发展。大学生分众化教育如何分众，必然要基于大学生的思想实际，这里既要把握他们的群体性特征，又要尊重每个学生的思想差异。分众化教育注重关注教育对象的思想状况、精神状态、心理特征等，所以我们也可以从认知、情绪、心理、价值、行为五个方面的标准来对大学生群体作为教育对象进行群体划分。面向不同的类型的学生以“多端”介入开展个性化的主题教育。例如批判性思维类型的学生，能够并善于对自身的思考方式进行深刻的反思。这一类大学生能够放开个人利益，站在客观的角度看待与自己视角不一致的观点，在主题教育的实施过程中应多从认知和情感出发，摆事实讲道理，为其构建起清晰的逻辑关系。而自我中心主义类型的学生习惯支配和服从，采用双重标准处事，这种支配性自我的大学生感受到成功，就会产生积极的情绪，但当他们无法支配他人时，就会产生敌意、愤怒等负面情绪，甚至采取过激行为。在主题教育的实施过程中，就应当从集体互动和行为体验、情感价值开始进行尝试。

（二）优选教育方案

优选分众化教育方案。根据分众化教育目标拟订出各种备选方案后，接着就要根据针对的教育对象群体的具体特征对其进行综合评价。这是制订分众化教育方案的关键步骤。

依据什么标准选择方案呢？在决策理论中，有人提出了评价与选择最优方案的三个标准，我们认为，以这三个标准来评选分众化教育最优方案也是适用的。第一，价值标准。主要是看某种方案给受教育者和社会所带来的效果是否符合分众化教育目标的要求。在备选方案中，最能对症下药地实现所定教育目标的方案就是最佳方案。第二，总体最优标准即从分众化教育目标的总体要求出发，综合评价和衡量某一方案的以往效果，从中选出最优方案。在运用这一标准时，可采用综合评分法、目标排队法、逐步淘汰法、层次分析法等具体方法，以便更准确地把握各方案的利弊得失，更好地选出最优方案。第三，最优损益平均值标准。即对分众化教育方案执行结果各种可能性出现的大小以及每种可能性的具体效果进行评估，然后用各种可能情况下的平均效果作为评价的标准。平均值效果越高，越是利多弊少，方案就越可取。在根据上述标准对分众化教育方案进行综合评估和选择时，如果备选方案都令人满意，就可从中选择一个最优方案；如果几个备选方案都不理想，那就要放弃这些方案，重新拟订方案；如果备选方案各有长短，就需要吸取各种方案的优点和长处，综合出一个新的更符合分众化教育特定目标的最佳方案①。

（三）教育方案的实施

在分众化主题教育的实施阶段，一是要制订一个针对特定分众化主题教育群体方案的实施计划，明确规定和安排方案实施中各种具体措施、教育范围、期限和方向等，以保证方案的顺利实施。二是要预先对方案的潜在问题进行分析，同时要准备某些防范和应对措施，以减少那些潜在问题出现的可能性和危害性。实施阶段是分众化教育过程的中心环节，实施阶段的中心工作是组织好各种教育活动。从总体上说，这一环节的基本任务是要帮助受教育者将思想品德认知转化为相应的品德行为，包括以下步骤。

第一，传导思想道德观念，提高受教育者的思想品德认识。构成人的思想品德的诸要素之间既相互联系又独立发展。一般来说，思想品德

① 陈万柏，张耀灿. 思想政治教育学原理［M］. 北京：高等教育出版社，2015：7.

认识是思想品德情感及其行为的基础。因此，进行分众化教育，首先要向他们传导符合一定社会发展要求的思想观念、政治观点、道德规范，使受教育者的情、意、行建立在正确认知的基础上，即提高受教育者的思想品德认识。为此，教育者在开展分众化教育时，要注意提高教育内容的系统性、针对性；在方式上要避免单纯的灌输式教育，要通过讨论、调查研究、参观访问等形式生动活泼地进行，使受教育者充分发挥主观能动性，主动掌握社会要求的思想观念和道德规范，从而为提高受教育者的政治鉴别力、道德判断力以及行为的选择能力奠定良好的基础。

第二，引导受教育者实现从品德认识到行为的外化过程，培养受教育者的品德践行能力。一是重视思想品德情感和信念的培养。由思想品德认识转化为相应的行为，需要经过情感和信念这两个中间环节。情感作为认识到行为的催化剂，在很大程度上决定着人们行为的方向与强度，因此，在教育过程中，应格外重视对学生鲜明的思想政治情感的培育，为其从知到行的转换提供有利的条件。在认识到行为转化的过程中，信念是一个关键的驱动力，在实践中，要使受教育者获得思想品德行为的经验和富有感情色彩的体验，从而促进其形成与社会要求相一致的思想品德信念。为此，要重视创设良好的分众化教育情境，注意以情育情，以境育情。二是提出行动要求，并促使受教育者将其内化，变成自己的行为动机。在开展分众化教育时，教育者应向受教育者提出明确可行的行动要求，引导受教育者通过实践获得积极经验，从而进一步认识教育要求的正确性和合理性，从而将社会要求转化为自身的行为动机。为此，要加强分众化主题教育的物质和精神文化条件建设，注意分众化主题教育小环境氛围的营造，大环境的建设和优化，使受教育者通过分众化教育接受的思想观念和道德规范在社会生活的各个层面都能得到肯定和强化。三是指导受教育者选择行为方式，锻炼品德意志。将思想品德认识转化为相应的行为，必须选择恰当的行为方式。因而需要对受教育者进行行为方式的指导，包括对道德行为方式的意义、适用情境的说明，对典型道德行为方式的分析，对道德行为步骤的讨论，对受教育者道德行为方式进行训练等。在引导的过程中，要让受教育者学习如何对自己的行为进行控制与调节，了解在不同的情境下应该采用什么样的行为模式，从而逐渐培养出正确、独立和理性的道德行为选择的能力。同时，还要注意培养受教育者的道德意志，使其坚韧不拔地向社会要求的方向发展。

需要采取多种措施，促进受教育者自主产生意志锻炼欲望，并自觉地采取行动锻炼意志，以道德动机克服非道德动机，克服各种障碍，将道德动机转化为行为。四是组织各种实践活动，培养受教育者的道德行为和习惯。在以上各个环节的基础上，要及时组织各种活动，促使受教育者把思想道德认识付诸实践活动。教育者应该引导受教育者通过反复的实践来巩固这些道德行为，使道德行为成为习惯，即形成一种稳定的、自动的、愉快的行为模式。为此，教育工作者应该创造一种便于受教育者重复良好行为的教育情境。同时，在培养受教育者良好行为习惯的同时，也要帮助受教育者改变一些不良习惯。

第四节　大学生分众化主题教育组织实施质量的评估

只有有质量的教育才是有价值的。开展大学生分众化主题教育组织实施质量评估是一个很有价值、很有意义的活动。通过运用科学方法对大学生分众化主题教育组织实施质量进行评估，准确把握大学生分众化主题教育组织实施的整体情况，我们可以根据掌握的评估数据和结论，认真总结、分析活动开展过程中存在的优缺点，尤其是影响活动质量和效益提升的因素，让活动组织管理者能够对活动进行有效的调控和管理，从而实现大学生分众化主题教育成效最大化。

一、评估的目标与原则

大学生分众化主题教育组织实施质量评估是增强大学生分众化主题教育实践成效的关键环节，将教育质量评估的目标和原则明确化，将更有助于大学生分众化主题教育的顺利、有效开展。

（一）评估的目标

大学生分众化主题教育组织实施质量评估的目标是全面、准确地了解和评估主题教育的质量，以便对教育改革和质量提升提供有力的参考和指导。主要包括以下三个方面的目标：一是发现问题和不足。通过评估，发现大学生分众化主题教育组织实施中存在的问题和不足，比如是否满足学生需求，是否有效提升了学生的素质和能力等，为改进和提升主题教育提供依据。二是优化资源配置。评估结果可以帮助学校、学院和有关部门了解资源的分配和利用情况，比如活动场地设施、活动经费、师资队伍等，以便更好地优化资源配置，提高大学生分众化主题教育效益。三是推动教育改革。通过评估，可以为教育深化改革提供参考和依据，为进一步优化教育方式、方法，优化教育内容供给提供思路和建议，不断完善大学生分众化主题教育实践探索，提升教育质量，实现教育目标。

（二）评估的原则

大学生分众化主题教育组织实施质量评估原则是大学生分众化主题教育客观规律的主观反映，是大学生分众化主题教育组织实施质量评估过程中应遵循的基本准则。正确地确立并遵循大学生分众化主题教育组织实施质量评估原则，对顺利开展大学生分众化主题教育活动并取得预期成效具有重要意义。

第一，全面评价原则。应对大学生分众化主题教育的各个方面进行全面教育质量评估，具体包括：一是对大学生分众化主题教育的内容进行全面评估，包括主题的设置、活动方案的设计、组织实施步骤等方面。评估应关注内容的科学性、针对性和可持续性等。二是对大学生分众化主题教育的方法进行评估，评估应涵盖教育方法的多样性、适用性和有效性，包括理论教育法、实践教育法、榜样教育法等不同的教育方法，应关注大学生分众化主题教育是否能满足学生的学习需求，是否能激发学生的学习兴趣和主动性。三是对大学生分众化主题教育的所需资源进行评估，包括活动设施、活动设备、师资队伍以及活动所需具体资源等。评估应关注教育资源的充足性、适配性和融合性。在大学生分众化主题教育的师资队伍方面评估还应考虑教育队伍的综合素质、培训机制和支持系统的完善程度，以保障学生能够获得优质的教育资源。四是对学生发展进行评估，评估应关注学生的全面发展情况，包括思想品德、心理素质、学术能力、专业技能、综合素养、职业发展能力等方面。评估应考察大学生分众化主题教育对学生成长和发展的影响，以确保教育能够培养学生良好的思想道德品质和多元的能力素质。

第二，实事求是原则。评估过程应客观公正，避免个人主观偏见的干扰。一是评估标准化。评估应基于明确的评估标准和指标，以确保评估过程具有一致性和可比性。比如对于主题教育活动效果评估，可以从目标的达成度、活动参与率、满意度、影响力、创新性以及组织管理水平等进行评估。评估标准应经过充分的讨论和验证，以确保评估结果客观可信。二是评估多维化。评估应采用多种评估方法和工具，综合考量不同方面的数据，比如通过调查法、访谈法、观察法等，以减少主观偏见和个人意见的干扰。三是数据真实化。评估应依靠客观的数据收集方法，如问卷调查、实地观察等。收集到的数据应尽可能客观、真实地反映大学生分众化主题教育组织实施的情况。评估结果的综合计算和分析也应遵循客观的原则。四是结果公开化。评估结果应及时公布，并向学工部、团委等活动管理部门、相关学院以及学生、教师等人员进行通报，确保透明度和公正性。

第三，学生主体原则。评估应聚焦于学生的学习效果和发展情况，从学生角度出发评估大学生分众化主题教育的质量。一是重视学生参与和反馈，可以采用问卷调查、小组讨论、个别面谈等方式，了解学生对大学生分众化主题教育的看法和体验，并将其作为评估的重要依据之一。二是关注学生需求和期望，评估应关注学生的需求和期望，以确保大学生分众化主题教育能够满足学生的学习需求和个体差异。三是关注学生发展，评估应考察大学生分众化主题教育对学生的发展和成长的影响。除了思想品德外，还应关注学生的创新能力、合作能力、沟通能力、领导能力等方面的发展，以全面了解大学生分众化主题教育对学生整体素养的培养效果。四是考查学生学习成果，评估应考查学生在大学生分众化主题教育中所取得的学习成果和成绩。除了学科知识的掌握外，还应关注学生在问题解决、实践应用、创新思维等方面的能力表现，以评估大学生分众化主题教育对学生的实际学习效果的影响。五是关注学生参与机会情况，评估应关注学生参与大学生分众化主题教育的机会和平等性。评估过程中可以考察学生的参与情况、参与机会的公平性、参与活动的多样性等方面，以确保大学生分众化主题教育的公平性和包容性。

第四，统筹兼顾原则。评估应兼顾定性和定量分析，综合运用不同的评价方法和工具。一是效果与过程并重，评估既要关注大学生分众化主题教育效果，也要关注教育过程。除了评估学生的学习成果，还应关注大学生分众化主题教育活动的设计、实施和管理等方面，以评估教育组织实施过程中的改进空间和问题。二是定性与定量相结合，评估指标既可以定性化，也可以定量化。定性指标是在考察大学生分众化教育过程中以文本形式进行定义、分类和甄别，以便进行更详细的描述和分析。定量指标是以数据量化的方式提供准确具体的标准，比如活动开展的频次、学生参与率和满意率等。综合使用定性法和定量法，可以更全面地评估大学生分众化主题教育的效果和影响。三是注重长期与短期的平衡，评估应不仅关注短期效果，还要考虑长期影响。除了评估学生在大学生分众化主题教育期间的表现，还要追踪学生的发展轨迹和学习成果，以评估大学生分众化主题教育对学生长期发展的影响。四是关注教育质量与公平性，评估应考察大学生分众化教育质量是否达到相应的标准，同时关注教育是否公平地提供给所有学生，以确保教育公平性和质量两个方面的统筹兼顾。

第五，及时评价原则。应合理安排评估周期，及时发布评估结果，并采取措施改进教育质量。具体来说，一是要及时收集数据，评估应及时收集所需数据和信息。及时性是评估的基础，数据收集的节点要与评估目的相匹配，确保数据的准确性和代表性。二是要及时分析和反馈，应及时分析和整理评估结果，并及时向相关方反馈。这样可以促进即时的反思和改进，提高教育质量和效果。三是及时采取改进行动，在解决现存问题的实践中进一步改善大学生分众化主题教育实践，提升学生的学习体验和发展效果。四是及时跟进，评估过程不应仅止于一次，还应定期跟进评估结果，监测改进行动的效果，并根据新的情况和需求及时调整评估策略和方法。五是及时总结分享，应及时总结评估数据和结果并分享给相关单位、部门和相关人员。这样可以促进经验共享和交流，推动教育的不断改进和进步。

二、评估的方法与工具

确定评估方法与工具是大学生分众化主题教育组织实施质量评估的重要内容。根据评估的性质和角度的不同，可以选择学生、教师、行政人员、同行等多个主体，进行问卷调查、观察记录、访谈、文本分析、定量或者定性等多种形式的大学生分众化主题教育质量评估。

（一）评估的方法

大学生分众化主题教育组织实施质量评估方法包括自我评估、同行评估、学生评估、规范评估等四种评估方式。一是自我评估。教师或学校相关部门、单位可以通过问卷调查、自我观察等方式对大学生分众化主题教育的过程和管理进行评估；二是同行评估。邀请其他教师或专家进行评估，通过在活动现场观察，查看活动方案设计，了解活动开展所需资源等方面来提出意见和建议。三是学生评估。通过学生的反馈、问卷调查或座谈讨论等方式评估大学生分众化主题教育的效果和满意度。四是规范评估。采用标准化的评估工具和程序进行评估。

（二）评估的工具

大学生分众化主题教育组织实施质量评估工具包括问卷调查、观察记录、访谈、文本分析、定量定性相结合。一是问卷调查。设计针对教师、学生、管理人员、校友等不同参与者的问卷，收集他们的意见、态度和反馈，从而了解他们对教育活动和学校的评价。二是观察记录。通过观察大学生分众化主题教育活动过程、师生互动等方面的记录，获取客观数据和信息，帮助评估教育质量。三是座谈访谈。与教师、学生、管理人员、校友等不同参与者等进行面对面的座谈或访谈，深入了解他们的观点、体验和建议，为评估提供更加详细和具体的内容。四是文本分析。分析大学生分众化主题教育具体活动方案、活动总结等相关材料，检查这些材料是否符合教育目标和要求。五是定性和定量数据相结合。定性数据是通过访谈、观察记录和开放式问卷调查等方式收集的质性数据，如意见、建议和描述性信息，提供详细的描述和解释。定量数据是通过封闭式问卷调查、考试成绩等方式收集的量化数据，如频率、百分比和得分等，为评估提供统计数据和量化分析。结合定性和定量数据，可以综合应用不同的评估方法和工具，以确保评估结果的全面性和可靠性。在选择评估方法和工具时，需要根据评估的目的、目标和资源情况进行权衡和决策，确保评估方法和工具的科学性、可行性和适用性。同时，还要注意评估的客观性和公平性，确保数据和信息的真实性和可信度。

三、评估的环节与内容

大学生分众化主题教育组织实施质量评估是依据一定的标准，采用特定的评价方法，对大学生分众化主题教育组织实施过程中的各个要素、活动效果及其影响进行价值判断的过程。大学生分众化主题教育组织实施质量评估包括前期准备、中期资料收集与分析、后期监测与反馈等多个步骤。

（一）评估准备环节

评估前的准备环节是确保评估有效开展的关键环节，是建立评估的基础和框架。明确评估的目标、指标、计划和参与者，可以确保评估的科学性、可行性和有效性，从而为后续的评估工作奠定基础。前期准备阶段具体包括以下三个方面。

第一，确定评估目标。大学生分众化主题教育组织实施质量评估是为了评价主题教育的实施效果进而改进教育质量，一方面可以了解学生的学习成果，探究学生的学习态度、满意度和参与度；另一方面可以评估教育者的能力和水平，进一步完善大学生分众化主题教育的教育内容，可以通过观察教育过程、听取学生反馈、教育者自评等方式来评估教育质量。在确定评估目标时，需要考虑学校、学生和教师的实际需求，结合大学生分众化主题教育的具体特点和目标来制定合理、具体的评估目标。评估目标的明确性和可衡量性将有助于后续的评估程序和方法的制定和实施。

第二，设计评估指标。根据评估目标，制定相应的评估指标和标准，用于衡量大学生分众化主题教育质量的各个方面。具体包括学生的思想素质、政治素质、知识水平、学习成果、实践能力、创新思维、参与度、满意度等指标。一是知识水平评估。评估学生在大学生分众化主题教育中所学知识的掌握情况。可以设定具体的知识点和概念，并通过测试、问卷等方式来评估学生的知识水平。二是技能掌握评估。评估学生在大学生分众化主题教育中所获得的实践技能和应用能力。可以设定具体的技能要求，通过项目成果、实验实训等方式来评估学生的技能掌握程度。三是学习成长评估。评估学生在大学生分众化主题教育中的学习成长和个人发展情况。可以考虑学生的学习态度、学习方法、自主学习能力等方面，并通过自我评价、教师评价、同伴评价等方式来评估学生的学习成长情况。四是参与度评估。评估学生在大学生分众化主题教育中的参与度和互动情况。可以考虑学生在参与讨论、团队合作、社会实践等方面的参与情况，并通过观察、记录、问卷等方式来评估学生的参与度。五是满意度评估。如教育内容的吸引力、教育效果、教育资源的利用等，并通过调查问卷、访谈等方式来评估学生的满意度。在设计评估指标时，需要充分考虑大学生分众化主题教育的特点和目标，确保评估指标与教育实践紧密联系，能够全面、客观地反映教育质量的不同方面。同时，评估指标应具有可度量性和可操作性，以便后续的数据收集和分析。

第三，制订评估计划。开展大学生分众化主题教育组织实施质量评估需要根据评估目标、目的和指标，制订详细的评估计划，明确评估的流程、任务分工和时间节点。一是制定时间表，合理分配评估各个环节的时间，确保评估进度的规范和顺利进行。二是确定评估参与者和责任分工。明确评估的相关参与者，包括学生、教师、管理人员等，确定他们在评估中的角色和参与程度。确保每个参与者在评估过程中的任务和职责明确清晰，协同完成评估工作。三是寻求支持与资源。在学校争取必要的支持和资源，包括人力、物力和资金等，以确保评估的顺利进行。另外，根据评估需求整合评估工具和技术，例如在线调查平台、数据分析软件等，以提高评估效率和准确度。

（二）评估实施环节

第一，数据收集。数据收集是评估过程中非常重要的一环，在该阶段需要收集涉及评估目标和问题的相关数据。为了确保质量评估的准确性和科学性，在数据收集阶段一定要全面广泛地收集各相关群体的意见、建议。具体而言，一是选择数据收集方法。收集数据时可以采用问卷调查、访谈、观察、档案资料收集等多种方式。二是确定样本和抽样方法。根据可行性和可操作性，确定样本的大小和构成，并选择适当的抽样方法，如随机抽样、分层抽样等。三是制订数据收集计划。定义收集数据的时间范围和频率，确定数据收集的地点和场景；分配任务和责任，明确负责数据收集的人员和机构。四是进行数据收集。根据制订的计划，执行数据收集工作，确保数据的准确性和完整性。在数据收集过程中，要注重保护参与者的权益和隐私，并遵守相关的伦理规范和法律法规。

第二，数据整理与分析。大学生分众化主题教育组织实施质量评估的数据分析与整理阶段是对收集到的数据进行处理、分析和解释的过程，以获取关于大学生分众化主题教育质量的有意义的结论。对收集到的数据进行统计和分析，可以使用统计软件或文本分析工具进行数据处理，进而评估教育质量的状况和变化。一是数据清理和整理。数据收集好之后，首先要检查和清除无效、重复或错误的数据，确保数据的准确性和完整性。对收集到的数据进行整理、分类、编码等工作，为后续的数据分析做好准备。还要进行数据验证与质量控制，通过复核数据、比较数据来源和交叉验证等方法，确保数据的准确性和一致性。二是描述性统计分析。对收集到的数据进行整体概括和描述。计算各个指标的均值、方差、中位数等统计指标，得出数据的分布情况和变化趋势。三是相关性分析。通过统计分析方法，研究不同评估指标之间的相关关系。可以计算相关系数、回归分析等，探索评估指标之间的关联程度，并解读这些关系对教育质量的影响。四是组群分析。将受评估对象根据不同特征进行分组，比如根据性别、年级、专业等，对不同组别的评估结果进行分析。可以发现不同组别之间的差异、规律和特点，辅助做出精细化的教育政策和教学改进措施。五是趋势分析。通过比较不同时间段的评估数据，观察评估指标的变化趋势。可以利用线性回归、时间序列分析等方法，分析指标的增长、下降或稳定情况，并找出影响趋势的关键因素。

（三）评估结果反馈环节

大学生分众化主题教育组织实施质量评估结果反馈阶段是将评估结果有效地传达给利益相关者的过程，以促进对教育质量问题的认识、理解和改进，可以实现评估结果的最大化利用和共享，并促进教育质量的整体提升。结果反馈主要包括评估报告的撰写与改进计划的制订。在撰写评估报告时要注意报告的清晰性，结果报告应该简洁明了，要注意结果解读的准确性。在解读结果时，应确保准确性和客观性，要注意结果与目标的对比分析。将评估结果与预期目标进行对比分析，指出实现目标的程度和可能的不足之处，发现评估中存在的问题，为后续的改进提供精准指导。此外，还需要根据评估结果和报告制订行动计划和改进措施。

（四）评估跟进和监测环节

大学生分众化主题教育组织实施质量评估的跟进和监测阶段是为了确保评估结果得到有效实施和持续改进的阶段。一是建立监测机制，用于追踪改进措施的实施情况和效果。监测指标可以包括师生满意度、教育资源投入、教育方法改进等。通过监测和评估，可以及时发现问题和调整方向，确保改进措施的有效性。二是长期规划和持续改进。将改进工作纳入长期规划，将其作为教育质量提升的重要策略和目标。持续关注教育环境变化和需求变化，不断优化改进措施，以适应学生多元化的教育需求。三是不断总结经验教训，进行改进和调整，将成功的经验共享，持续促进教育质量提档升级。

第六章　大学生分众化主题教育的师资队伍

新时代开展大学生的主题教育，是深化高校思想政治教育工作成效的必然要求。党和国家对高校开展学生思想政治教育提出了新要求和新举措，指明了新的方向[①]。大学生主题教育的师资队伍是推动大学生思想政治教育改革和发展的重要力量。在本章中，我们将重点探讨在大学生分众化主题教育中有重要作用的四支队伍，分别是学术研究队伍、教学工作队伍、朋辈互助队伍和外聘助教队伍。通过探讨以上师资队伍的组成和职责、面临的问题和挑战以及队伍的培养和发展，帮助我们思考队伍建设问题，更好地推动大学生分众化主题教育的开展和创新。

第一节　学术研究队伍

推动大学生分众化主题教育是高校大学生思想政治教育的客观需要。思想是行动的先导，理论是实践的指南，要开展好大学生分众化主题教育，离不开科学理论的指导。开展好主题教育的关键是要深刻认识国家战略下人才培养的背景，全面准确把握新时代大学生的特点，运用好思想政治教育的规律，从科学和正确的视角去思考主题教育开展的全过程内容。因此，学术研究队伍是大学生分众化主题教育师资队伍的重要组成力量。

一、学术研究队伍的组成和职责

学术研究队伍的组成一般包括思政专家、相关学科领域专家、学校

① 冯刚. 大学生思想政治教育工作概论［M］. 北京：北京师范大学出版社，2020：251.

学生教育管理部门负责同志及院（系）学生工作负责同志。这支队伍整体上拥有丰富的学术经验、专业造诣和管理经验。

（一）思政专家

思政专家在思政教育领域中发挥着重要作用。他们通常具备深厚的马克思主义理论素养，对马克思主义的基本原理、中国共产党的重大战略思想、习近平新时代中国特色社会主义理论体系等有深入的研究和理解。他们不仅在理论上有所建树，而且能够结合实际情况，运用马克思主义的立场、观点和方法解决现实问题。

大部分思政专家在高校、党校等教育机构中承担着思政课程的教学任务，为党和政府提供决策咨询服务，并且承担着一定的社会服务工作。他们对社会热点问题的分析，为政府制定相关政策提供的理论支持以及参与的诸多社会服务活动，如社区建设、扶贫帮困、志愿服务等活动，都是直面社会问题、推动社会主义精神文明建设的重要工作。因此，思政专家在思政教育领域中发挥着不可或缺的作用。他们通过对马克思主义理论的深入研究和实践应用，推动了思政教育事业的发展，为党和国家事业的发展提供了有力支持。

具体到大学生分众化主题教育工作，思政专家的主要职责在于深入研究党的创新理论对大学生思想政治教育的内在要求，做好将立德树人根本任务具体到学生主题教育实践层面的顶层设计，使大学生主题教育的开展适应国情和时代的背景，适应人才培养的要求，不偏离应有的育人方向。

（二）学科领域专家

在大学生分众化主题教育的学术研究队伍中，学科领域专家是不可或缺的重要成员。他们拥有丰富的专业知识和研究能力，能够让学生深入理解和掌握学科知识。作为学科的专业化研究者，他们了解学科的理论框架和基本原理，并能够将其应用到实际教学中。学科领域专家还能够进行学科创新和前沿研究，让学生了解学科的最新动态和前沿领域，促进学生对学科兴趣和认识的不断深化。

具体到大学生分众化主题教育工作，学科领域专家的主要职责在于在主题教育的顶层设计上，按照价值引领、能力达成、知识传授的总体要求，结合学生的学科专业特点，将思想政治教育和成长成才教育相结合，根据各专业学生的身心特点，从成才教育角度做好设计，将思想引领、专业引导有机统一，提升主题教育对于不同专业学生的针对性和吸引力。

（三）高校学生教育管理部门负责同志

高校学生教育管理部门负责同志在高校学生教育管理中发挥着至关重要的作用。他们是高校学生教育管理工作的组织者和实施者，设计并负责开展校级各种形式的教育活动以提高学生的综合素质和能力，并为学生提供心理咨询和职业规划指导，帮助学生解决学习和生活中的问题，推动学生全面发展和校园文化建设，促进学生健康成长。此外，他们还与其他管理服务部门，如教学管理部门、后勤保障部门、校医院等协作配合，共同为学生提供全方位的服务和支持。因此，他们是学生教育管理工作的核心领导力量。

具体到大学生分众化主题教育工作，高校学生教育管理部门负责同志的主要职责在于深入研究学校培养学生的普遍特点和实际成长需求，设定本校分众化主题教育的目标，研制各年级分阶段活动主题及主要特色活动，并制定主题教育开展的总结评价方案。

（四）院（系）学生工作负责同志

院（系）学生工作负责同志是全面负责院（系）学生工作，为学生提供全方位服务和支持的具体谋划者和推动者，承担着人才培养单位学生思想政治教育、学生事务管理、心理健康教育和危机干预、就业指导、家校沟通等重要职责，接受学校学生工作管理部门的直接领导，也负责指导院（系）学生工作队伍如辅导员队伍、班主任队伍、研究生导师队伍等育人力量。

具体到大学生分众化主题教育工作，院（系）学生工作负责同志的主要职责在于深入研究本单位学生的学情特点，调动协同单位内外各类育人力量，设计好适合院（系）学生特点和实际需求的分众化主题教育，并在学校学生工作管理部门的指导下，做好本单位主题教育的实施、跟踪和评价。

高校大学生分众化主题教育要做到顺势而为、整体设计、区分类别和层次，首先取决于学术科研队伍对于大学生学情特点的深入研究、对整体活动的顶层设计和后续的科学评价。思政专家、学科领域专家、高校学生教育管理部门负责同志和院（系）学生工作负责同志的多样化组合，能够为学生提供全方位的教育和指导支持。他们在理论素养、专业知识、研究能力、教学经验以及实践经验等方面的优势，能够提高教育的针对性和有效性，促进学生的全面发展和成长。通过合理配置学术研究队伍的力量，大学生分众化主题教育能够更好地满足学生的学习需求和发展需求，培养出更加优秀的人才。

二、问题与挑战

大学生分众化主题教育学术科研队伍组成多元，面临的主要问题和挑战体现在以下两方面。一是对大学生主题教育开展科学研究的意识不强。众所周知，高校思想政治理论课承担着对大学生进行系统的马克思主义理论教育的任务，发挥着主渠道的作用。而在思政课之外开设的主题教育，虽然在有的高校被纳入必修课程，但整体上，课程组的研究文化还没有形成或者说还不浓厚，加之学生对此的重视程度偏低，所以整体上主题教育的学术研究队伍还没有系统构建并开展深入研究。二是专家学者与学生教育管理部门缺乏联动。专家学者的研究重点往往在于学术成果的发表，而学生教育管理部门的工作重点往往在于具体的场景应对。因为缺乏稳定的合作机制，导致彼此之间联系不够紧密，合作不够密切。

三、培养与发展

一是人才培养和队伍建设。思政专家、学科领域专家和高校学生工作管理部门、院（系）学生工作负责人在实际工作中要着力提升学术科研意识。首先，提升科研意识有助于高校思政工作队伍更好地把握思政工作的正确方向。通过深入研究马克思主义理论，更深入地理解其精髓和核心，从而更好地指导思政工作实践。其次，提升学术科研意识有助于提高思政工作的实效性。通过科学研究，高校思政工作者可以更敏锐地发现思政工作中的问题，探索解决问题的方法和途径，从而提高思政工作的质量和效果。最后，提升科研意识有助于推动高校思政工作的创新发展，提高大学生思想政治教育工作的科学化和专业化水平。尤其是院（系）学生工作负责同志，容易在繁重的事务性工作中逐渐淡化学术科研意识，缺乏主动思考和探索的动力和精力。大学生分众化主题教育是高校思想政治理论课的一种有益补充，是将理论学习与实际问题解决深度融合的一种教育形式。增强对分众化主题教育的深入研究，有助于基层学生工作者明确专业发展领域，勾画专业工作版图与学术版图，增强职业认同、提升专业的价值感，提升职业地位。尤其在当今世界，大学生思想政治教育工作面临着复杂多变的工作环境，各种社会思潮相互交织，深刻影响大学生的思想脉搏，对高校的主流价值观教育形成了极大的冲击。在这样的背景下，从提升分众化主题教育实施效果的角度出发，加大对学术科研队伍的重视和培养显得尤为关键。

二是团队协作和合作机制。高校思政专家、学科领域专家擅长理论教学和研究，而校院学生工作管理部门则更注重实践工作的开展和总结。双方应该相互借鉴、取长补短，以提高分众化主题教育的工作质量。应明确专家学者与学生教育管理部门的共同目标，建立信息沟通和共享机制，通过定期召开会议，加强信息沟通和共享。要邀请专家学者为学生教育管理部门提升主题教育研究的意识、水平和质量，学生教育管理部门也可以为专家学者的研究提供更生动具体的样本和案例。通过联动，更好地整合资源，形成协同效应，共同推进大学生分众化主题教育的改革和发展。

第二节　教学工作队伍

随着社会的快速变革和知识经济的发展，大学生分众化主题教育得到了广泛重视和推广。这种教育模式从精准化培养的思路出发，注重培养学生的综合素质和创新能力，通过针对不同学生的个性化教学和课程设计，提高课堂教学效果和激发学生的学习兴趣。在这一过程中，教学工作队伍扮演着关键的角色。教学工作队伍是大学生分众化主题教育的重要组成部分。教师队伍作为核心力量，负责传授知识和引导学生学习。高校大学生主题教育主要由学生工作团队负责实施，团队成员主要包括学生辅导员、本科生班主任和研究生导师等。

一、教学工作队伍的组成和职责

（一）辅导员队伍

辅导员队伍是大学生思想政治教育的骨干力量。是高等学校学生日常思想政治教育和管理工作的组织者、实施者、指导者。教育部43号令《普通高等学校辅导员队伍建设规定》明确提出，高等学校要坚持把立德树人作为中心环节，把辅导员队伍建设作为教师队伍和管理队伍建设的重要内容，整体规划，统筹安排，不断提高队伍的专业水平和职业能力，保证辅导员工作有条件，干事有平台，待遇有保障，发展有空间。

根据党和国家的要求，辅导员的主要工作职责包括思想政治教育、党团和班级建设、学业指导、日常事务管理、心理健康教育与咨询、网络思想政治教育、危机事件应对、职业规划与就业创业指导、理论和实践研究等九大职责。其中，思想理论教育和价值引领放在首位。而2004年出台的《中共中央国务院关于进一步加强和改进大学生思想政治教育的意见》也提出，大学生思想政治教育需要将解决学生的思想问题与解决学生的实际问题相结合。

具体到大学生分众化主题教育，辅导员的工作职责就是全面掌握所带学生的思想行为特点及思想政治状况，有针对性地分层分类帮助学生处理好思想认识、价值取向、学习生活、择业交友等方面的具体问题，让广大学生全面发展、健康成长，听党话、跟党走。

（二）班主任队伍

大学生班主任是高校中全面负责一个班级学生思想等各方面事务的专任教师，是本科学生工作队伍中除辅导员外最主要的育人力量。班主任负责班级的日常管理，包括学生的思想政治教育、班级学风建设、学业指导、生涯规划与就业指导等方面的工作，是学生在校园生活中的重要引导者和教育者。

在大学生分众化主题教育中，班主任的工作职责就是将大学生思想政治教育与成才教育深入融合。一方面，班主任要做好思想引领，以身垂范，带头践行社会主义核心价值观，通过参加班团活动、听课、开放办公室与学生谈心等形式掌握学生的学习和思想动态。另一方面，班主任要充分利用自身的专业优势，抓好所带班级的学风建设，做好学生的专业教育。班主任要向学生介绍学科和专业概况，帮助学生了解专业动态，提升专业兴趣。针对学生特点和专业特点，指导学生规划学业、选修课程、参加学科竞赛、参与科研立项、专业见习、行业参观、创新创业等活动；为本专业优秀的学生争取、创造参与课题研究和各类科技竞赛的机会，为学生出国（境）交流、留学提供帮助；会同辅导员定期做好学生学业成绩分析，积极帮扶学业困难学生；高年级班主任应主动关注学生考研、就业动态，帮助学生顺利毕业和就业。

（三）研究生导师队伍

研究生导师是指在研究生培养过程中，负责指导和管理研究生科研、学术和职业生涯发展的教师。研究生导师是研究生培养的第一责任人，肩负着培养高层次创新人才的崇高使命。导师的职责包括指导学术研究、提供职业发展指导、关注学生的身心健康和学业进步等。导师不仅要做学生学业的领路人，还要做学生成长的知心人，对学生的人生与事业产生长远影响。

在大学生分众化主题教育中，研究生导师的工作职责是全面关心所带学生的身心健康发展，尤其是基于所带学生的学习基础、科研能力做好分层分类的个性化指导，引导研究生树立良好的学术风气和道德品质。还要激发研究生的创新精神和创造力，鼓励研究生勇于探索、敢于创新，激发研究生的学术热情和进取心。在分众化主题教育中，班主任和研究生导师因为具有专业的权威性，所以开展主题教育活动往往会达到比较好的效果。此外，班主任和研究生导师还掌握有更丰富的专业教育资源，以成才教育为切入口开展思想政治教育，更有利于提升大学生分众化主题教育活动的吸引力。

二、问题与挑战

分众化主题教育对教学工作队伍提出了较高的工作要求。教学工作队伍要从思想上提高站位，提升对于分众化主题教育意义的重要性认识。要提升活动的策划、组织、实施能力，同时还须要加强对活动的总结反馈能力。当前，高校辅导员、班主任和研究生导师队伍在大学生分众化主题教育的教学组织中还不同程度地存在着队伍配备不强、教学意识淡薄、教学本领不高、沟通协同不足、评价和激励欠缺等问题。

（一）教学工作队伍建设面临的问题

第一，教师数量与结构问题。随着大学招生规模的扩大和教学任务的增加，教师数量和结构的合理配置成为一个亟待解决的问题。教师数量的不足导致生师比过高，任课教师根据学生的专业和不同需求开展分众化主题教育难以实施，影响了教学质量和学生的学习效果。高校主题教育往往是分年级分专业开展，但如果有的专业招生人数较多，那么一名任课教师要负责一两百人的课堂教学和组织，难度过大。

第二，教师理念与专业素养问题。当前，部分辅导员、班主任和研究生导师对主题教育的重视程度不够，班主任和研究生导师因为负责专业课教学，认为开展主题教育是辅导员的本职工作，因此，主动开展主题教育的意识不强。其次，部分班主任和研究生导师擅长专业课教学，对于主题教育类活动开展的方法和策略缺乏思考，在组织能力和教学能力方面还有不足，这些都制约了主题教育教学工作的开展。

第三，教学评价与激励机制问题。教学评价与激励机制对于教学工作队伍的发展至关重要。当前一些学校对于分众化主题教育的教学评价缺乏系统思考和科学指导，没有设立科学有效的评教体系，导致主题教育教学工作队伍的工作质量好坏一个样，从目标和评价上缺乏对教育效果的监督和反馈。

（二）具体教学过程中面临的问题

1．流于事务表面，缺乏价值引导

大学生主题教育具有鲜明的价值导向。一个完整的主题教育方案通常包括主题活动的背景、指导思想、主要目的、基本内容、时间安排、活动方式等方面，其中指导思想和活动目的是根本，它集中体现了主题活动的目的性、承载性特点。但在实际工作中，教学工作队伍对于学校学生工作管理部门下达的主题教育任务之间的关联缺乏理解，因此，教学内容偏于简单肤浅，缺乏价值导向，难以触及学生内心。

2．泛泛而谈，针对性不强

大学生分众化主题教育具有特定的活动主体，它总是以特定对象为活动的参与者和受益者，具有很强的针对性。这就要求我们必须按照贴近实际、贴近生活、贴近学生的要求，围绕人才培养目标，努力寻找学生在理想信念、道德品质、行为习惯等方面普遍存在的问题，结合学生的成长成才需求，广泛选取合适的题材，进行筛选、提炼、策划。但在实际工作中，因为教学工作队伍缺乏对所带学生广泛而深入的了解，缺乏针对性的调研，导致不同层次和类型的学校、不同专业和年级的学生其主题教育的内容没有侧重、千篇一律。

3．紧跟热点不够，时效性不佳

思想政治教育具有很强的时代特征，活动主题的确定往往根据当时国际国内的重大形势与政策，结合大学生的关注热点进行。因此，大学生主题教育具有很强的时空印记，要求我们的教学工作队伍善于学习、开拓视野，能及时捕捉社会热点和舆论热点，及时引导学生关注大事要事，并能针对所带学生群体可能出现的思想困惑及时开展交流和解惑。但在实际工作中，教学工作队伍疏于学习，对重大热点和敏感问题缺乏整体把握和深刻理解，课堂教学照本宣科。

4．形式陈旧，创新运用不足

大学生分众化主题教育应有丰富的实践载体。在深刻的主题之下，教学工作队伍可以设计课堂教学的理论宣讲，也可以设计形式多样的第二课堂活动。主题教育可以在教室开展，也可以在学生社区、图书馆、校史馆、博物馆等校内场所开展，还可以在纪念馆、展览馆、田间地头等校外场所开展。另外也可以探索打造主题教育的智慧课堂、空中课堂和行走的课堂等。随着科学技术的发展，我们应该学会运用信息技术手段，通过有意义且大学生喜闻乐见的视频、音频、现场展示等多种形式开展教学活动。做到主题鲜明、内容生动，注重受众的参与感和体验感。但在实际教学过程中，往往因为班级太大，学生人数太多，任课教师大多采用理论灌输的形式进行，师生交流不够，学生有效参与课堂不够，师生获得感不强。

三、培养与发展

（一）按照标准配齐主题教育教学工作队伍

充实主题教育教学工作队伍，按照合理的生师比配备主题教育教学队伍。辅导员、班主任和研究生导师每个学期可固定一定课时的教学工作量。除此之外，教学工作队伍要树立全员育人的工作意识，要善于借力开展分众化主题教育，例如可在主题教育中，邀请管理干部、专业教师、优秀校友、优秀学生等进入主题教育课堂，共同开展主题教育。

（二）提升教学工作队伍的政治素质

做好老师，要有理想信念。广大教师要始终同党和人民站在一起，自觉做中国特色社会主义的坚定信仰者和忠实实践者，忠诚于党和人民的教育事业。要用好课堂讲坛，用好校园阵地，用自己的行动倡导社会主义核心价值观，用自己的学识、阅历、经验点燃学生对真善美的向往，使社会主义核心价值观润物细无声地浸润学生们的心田、转化为日常行为，增强学生的价值判断能力、价值选择能力、价值塑造能力，引领学生健康成长。辅导员、班主任和研究生导师作为大学生分众化主题教育的主要师资力量，责任重大，使命光荣。

高校辅导员处在思想政治教育最前沿，是离学生最近，与学生接触最多、最广泛、最深入的人。班主任和研究生导师也承担着管理育人的重要职责。作为大学生分众化主题教育的主要师资力量，首要的是要具备过硬的政治素质，要让有信仰的人讲信仰。因此，教学工作队伍要主动学习、思考，将育人工作提高到培养党和国家建设者和接班人的高度，满怀热忱地投入到教学工作中。

（三）提升教学工作队伍的主题教育开展能力

首先，教学工作队伍要具备思想政治教育专业知识，掌握思想政治教育宽口径的知识，包括政治、经济、文化、社会等多学科知识，了解世情、国情、民情。分众化主题教育要做到主题鲜明、目标明确、内容鲜活、形式多样、针对性强、实效显著。这就要求教学工作队伍政治要强，情怀要深，思维要新，视野要广，自律要严，人格要正。要聚焦大学生思想引领，精心策划、组织每一次主题教育课、团课、党支部大会和周日晚点名等各类活动。明确活动的背景与目的，熟悉活动的流程和组织要领，熟练运用各种教学方法，深入浅出，将道理讲透、讲活，还能及时关注活动开展过程中学生的反映并做及时的回应。

其次，教学工作队伍要熟悉教育对象，实现主题教育方案的精准研制。分众化主题教育的初衷是要通过解决学生的实际问题，解决学生的思想问题。因此，教学工作队伍要从根本上转变工作作风，更多地深入学生，不折不扣地做好下课堂、下宿舍、谈心谈话和进网络等日常工作，了解学生，熟悉学生，爱护学生，严格要求学生，在解决学生的实际问题过程中，强化思想教育功能。

最后，辅导员要立德修身，勇于担当，做好大学生行为示范。教学工作队伍师德师风好，对学生也是一种潜移默化的言传身教。最好的管理莫过于示范，教学工作队伍要严于律己，做到知行合一。

（四）加大教学工作队伍培训力度，重视资料库建设

大学生分众化主题教育的主要内容包括各年级的价值引领、生命健康、学习学业、社会适应等。学校学生工作管理部门要加大对教学工作队伍的培训力度。一方面，要构建学术科研队伍与教学工作队伍定期的交流研讨机制。教研活动的定期开展有助于教学工作队伍将实际教学中遇到的问题和困难进行梳理后与学术科研队伍进行探讨，对分众化主题教育的顶层设计进行及时有效的反馈，也可以通过与学术科研队伍的交流互动，站在更高的层面思考分众化主题教育活动的针对性和实效性。另一方面，要加大对班主任和研究生导师队伍组织开展分众化主题教育能力的培养。要通过集体备课制度、主题教育教案评比活动、说课评比和示范展示等活动，让教学工作队伍更全面清楚地了解当前学生所面临的思想波动、学业困境和其他方面存在的需求和困惑，做到信息互通、资源共享。

此外，分众化主题教育因为涉及面广，需要丰富的教育素材作为支撑。因此，要积极推进高校思想政治教育现代化。推广普及大数据、互联网等新技术手段在学科领域内的应用。未来应积极尝试建立以思想政治教育为主题的数据库，内容涵盖国家政策文件、学科重大理论知识、高校思想政治教育实践案例等方面的数据，并进一步分类归纳、整理。与此同时，要不断提升教育理念和教育内容的现代化，丰富教育教学模式及内容。

（五）建立教学工作队伍的评价和激励机制

大学生对主题教育活动的评价和反馈是高校思想政治教育质量和人才培养质量的重要参考依据。一般来讲，大学生对分众化主题教育活动

的反馈主要包括以下几个方面：教学内容是否符合社会实际、是否符合学生成长需要；教学方法是否生动有趣、是否易于理解、是否能够激发思考等；教师素质包括教师的教学态度、专业水平、教学风格等是否得到学生的普遍认可，让学生坐得住、听得懂，有共鸣。此外，还要看课堂组织是否规范有序，师生之间互动是否亲近、自然等。

为提高大学生分众化主题教育的活动实效，高校应该根据学生的反馈和评价对教学工作队伍进行定期的评价，做好全覆盖的评教和总结表彰工作，鼓励教学工作队伍有针对性地改进工作中的薄弱环节，鼓励优秀的老师形成自己的教学风格和工作品牌，鼓励整个工作队伍用心用情投入分众化主题教育的各项教育教学实践，更好地满足大学生成长成才需要。此外，学生的成长是检验教学工作的主要依据。分众化主题教育实施一段时间后，可对受众学生群体所取得的成长进步进行盘点，看同学们是否呈现出整体进步、个体突出的良好发展势头，及时树立典型，营造学习先进、争当先进的良好风气。

第三节　朋辈互教队伍

从角色定位的角度出发，朋辈在大学生成长生活的过程中无时不在，同时在学生全面发展的过程中发挥着不可忽视的作用，因此重视朋辈这一群体在开展大学生主题教育过程中的引导性地位，有助于提升主题教育的说服力和亲和力。朋辈教育是人们在群体生活和工作中自发形成的一种传帮带的教育形式，自人类社会产生以来朋辈互教就以各种形式在社会进步的过程中发挥重要作用。随着近代教育理念的不断更新变化，人们对朋辈教育这一概念有了更加深刻和系统的认知。从概念的提出上看，朋辈教育最早可以追溯到 20 世纪 60 年代。朋辈互助这种教育方式，主要是指依托年龄相仿、有着相似生活和学习方式的年轻人通过在一起生活、学习和工作来相互影响和教育，达到共同成长的目的。

进入 21 世纪以来，尤其是 00 后大学生逐渐成为受教育的主体，我们发现新时代大学生群体呈现出更加具有时代特色的精神面貌、思维方式和生活方式，而这种变化与上一代人相比是十分突出和显著的，给新时代高校思想政治教育工作者和教师群体带来了新的挑战和机遇。新时代大学生具有更加注重个性的表达、关注个人利益诉求、网络化虚拟化依赖性强、成长生活条件优渥等①，这是中国改革开放成果深入惠及寻常百姓家，人民生活条件大幅改善，国内经济社会环境变更跃迁，同时新时代青年人也更为真切地受到国际形势的变化、国外文化的影响，形成的新时代大学生的新面貌和新特点。

在今天提升新时代大学生的思想政治教育效能，尤其是做好分众化的思想教育必须从时代和社会实际出发，做好大学生主题教育的精细化工作，不可一刀切。结合不同高校思想政治教育工作的实际，扎实有效地运用朋辈理念和方法，给我们带来了新的挑战，同时也催生了新的解决方案。

一、朋辈互教队伍的组成和特点

近年来，朋辈教育成为高校思想政治教育工作中的高频词，朋辈教育理念也越来越为高校思想政治教育工作者所熟知，各种形式的朋辈互教队伍广泛地参与到学生成长成才的全过程，为提高我国高校思想政治教育的实效性作出积极贡献。

（一）朋辈互教队伍的构成

“朋辈”一词源于英语单词“peer”，意为同伴、同辈、朋友等，根据《现代汉语词典》的定义，朋辈指的是拥有相似生活理念和价值取向的同龄人，朋辈教育的内涵包括同龄人之间的互相学习、互助、互动和影响，这种教育形式强调平等、自主、自发地交流和互动，通过分享经验、知识和技能，促进成员之间的成长与发展。朋辈教育在塑造个体的人格、价值观、社交能力等方面具有积极的作用，能够激发创造力和潜力，培养合作精神和团队意识。同时朋辈教育也需要建立在互相尊重、信任和友爱的基础上，以实现有益于个体和团体的共同目标。朋辈教育理念最早由美国人 Vriend 提出，她认为朋辈在年纪相仿的基础上，有着高度一致的成长生活、学习工作背景，通过更多的共同语言能够有效地进行相互教育，改变彼此的观念、想法和行为。与榜样教育不同，朋辈教育强调同龄人之间的亲和力和可接受性。在榜样教育中，榜样往往因为其“高大全”的形象而与大学生的生活实际相距甚远，难以激起学生的共鸣，相比之下，同

① 李艳萍，廖利明．朋辈理念下大学生思想政治教育的开展［J］．吉首大学学报（社会科学版），2017（38）：148.

辈之间的言谈举止更贴近学生生活，更易于产生共鸣和影响。

根据朋辈教育概念的阐释和高校长期以来的实践，一般来说朋辈互教队伍按照所处专业年级划分，可分为本专业同年级朋辈互教队伍和非本年级互教队伍，同年级的互教队伍往往更加熟悉具体情况，伴随性成长的意味更加浓厚，非本年级互教队伍，一般由高年级学生带低年级学生，指导和引领性的意味更足；按照专业或者学院的维度划分，可以划分为本专业和非本专业的朋辈互教队伍，本专业的较为常见，非本专业的应用较少，一般是通过依托学术项目、相近专业学习等方式展开；按照朋辈互教队伍的主要职责和功能划分，可以分为学业、生活、工作等三个方面，一般来说学院内部的朋辈帮扶针对学业的较多，工作互助队伍常见于一些学生团体，生活帮扶除特殊困难学生外，一般不做单独界定。

不同类型的朋辈帮扶互教队伍可以将大学生主题教育的内容和要求贯穿到日常的朋辈教育中来，由于是一对一或小范围内的一对多帮扶，在分众化教育的实践中更能发挥优势。因此，朋辈教育作为一种新兴的思想政治教育工作方式，逐渐被高校思政工作者所认可和接受，并开始在大学生分众主题教育中得到运用。朋辈教育能够提供一个平等、自主、自发的交流平台，通过同龄人之间的相互交流和分享，促进思想的成熟和价值观的塑造。这种教育方式能够激发学生的创造力和潜力，培养他们的合作精神和团队意识，同时也加强了学生之间的情感纽带和社交能力。通过朋辈教育，学生可以从同龄人身上得到更真实、更具体的经验和启示，进而更好地应对现实生活中的挑战和问题。

（二）朋辈教育的特征

朋辈教育在思想政治教育系统中具有一些独特的特点，包括全面性与全员性、自主性和自发性、平等性和互助性、干预性和实效性等。

全面性和全员性：大学生群体追求同伴认同，当遇到问题时，与家长和教师相比，他们通常选择向同学或朋友倾诉。在大学生群体中，相较于辅导员、心理咨询师或高校教师的答疑解惑，朋辈之间的互助教育更为普遍和常见①。因此，朋辈教育很大程度上内嵌于学生学习生活的方

---

① 刘海春．论朋辈教育和高校校园文化建设的耦合与运用［J］．高教探索，2015（2）：36-37．

方面面，与日常生活和交往难以分开。对高校学生工作管理群体来说，运用朋辈教育理念进行思想政治教育拓宽了高校思政工作的视野与渠道，调动全体大学生参与建立自己的社会交往支持体系，有效弥补思政教师和学生工作者难以全面深入了解大学生实际思想动态、教育缺乏针对性和全面性的弊端。

自主性和自发性：作为社会性群居动物，相互帮助是人类天生具有的倾向，学生可以自由选择参与朋辈教育活动，自主决定学习的内容和方式，这是他们在成长过程中解决问题的重要考虑。这种自主性和自发性能够激发学生的学习兴趣和主动性，提高学习效果和成就感。对于大学生而言，朋辈之间的互助是自然而然的行为，从深层次上看，朋辈互助更多是出于满足自己助人的愿望、提升自我价值和自尊心、获得自我实现的满足感等原因，而非追求报酬、待遇等功利性的目标。

平等性和互助性：朋辈教育强调同龄人之间的平等关系和友谊。在这种教育模式下，学生之间不存在明显的权威关系，而是建立在互相尊重和平等的基础上，这种平等性和友谊性使得学生更愿意分享自己的想法、问题和经验，更容易接受同伴的建议和帮助①。

干预性和实效性：通过同龄人之间的交流和影响，朋辈教育能够改变学生的观念、想法和行为。因为同辈之间的言行举止更贴近学生的实际生活，更易于产生共鸣和影响，进而对学生的成长和发展产生积极影响。朋辈教育的直接干预能够更贴近学生的实际需求，通过同伴间的互助和交流，能够及时发现并解决学生在思想、心理和行为方面的问题。这种直接干预的交往和教育方式能够有效地提升大学生主题教育的实效性，帮助学生更好地适应大学生活，提升他们的综合素质和能力，也是开展新时代大学生分众化主题教育的必经实践路径。

二、朋辈教育在开展分众化主题教育中的现状和问题

大学生分众化主题教育是高校教育的重要组成部分，旨在引导新时代大学生树立正确的世界观、人生观和价值观。朋辈教育作为一种有效

---

① 刘海春. 论朋辈教育和高校校园文化建设的耦合与运用［J］. 高教探索，2015（2）：36-37.

的思想政治教育方式，在大学生群体中被广泛应用，以满足学生在学习和生活中的需求。然而，目前朋辈教育在大学生分众化主题教育中仍存在一些问题，需要进一步加以改进和完善。

（一）朋辈教育在大学生分众化主题教育中的应用

朋辈教育极为适合开展大学生分众化主题教育和人才全面培养，被广泛应用在教育教学实践中。首先，在大学生群体中朋辈间的互助教育十分常见，是学生们倾诉和寻求帮助的首选方式。朋辈之间的互助和交流能够及时发现并解决学生在思想、心理和行为方面的问题。其次，学生们常常愿意主动帮助身边的同学，在帮助的过程中检验和巩固自我学习工作的成果，在学与教的反复循环中自身得到成长，通过朋辈教育的方式认识了自我价值，增强了自信心，同时也实现了志愿和公益服务的目的。此外，在这种教育方式下，同学之间平等交流、相互帮助，不存在明显的权威与从属关系，更侧重于友谊和共同成长，这种平等和友谊的氛围能够更好地促进学生间的相互理解和信任，增强思想政治教育的实效性。最后，朋辈教育能够直接干预学生的问题，更能够帮助学生高效地寻求解决路径，尤其是针对不同的学生群体，能够做到“一人一册”“一生一案”，如目前学生工作处理较多的关于大学生生活适应、心理健康、学业指导、生涯指导、创新创业等问题，朋辈辅导都能够发挥积极的推动作用。同时，这种朋辈互教队伍的建立和完善能够有效地弥补辅导员等教育主体在个体指导、分众化教育上的缺失，推动主题教育的内容和目标深入学生成长的各个方面和每个人，越来越受到学生工作队伍的重视，队伍也不断规范和壮大。因此，朋辈教育在大学生分众化主题教育中具有广泛的应用前景，朋辈互教队伍也面临着广阔的发展空间。

（二）朋辈教育在大学生分众化主题教育中存在的问题

在大学生分众化主题教育中，虽然朋辈互教队伍越来越规范和壮大，朋辈教育被广泛应用，但仍存在一些需要解决的问题。

首先，朋辈教育缺乏针对性和全面性。尽管同学之间的互助和支持是普遍存在的，但朋辈教育往往只停留在日常生活的帮助和倾听上，无法提供全面的指导和引导。学生们可能只是在表面上解决问题，而没有深入思考问题的本质和根源，这就导致了主题教育的效果不尽如人意。

其次，朋辈教育缺乏专业指导和培训。作为朋辈教育的提供者，学生们往往没有受过专业的教育和培训，无法提供全面的帮助和指导，他们缺乏足够的知识储备和实践技能来解答学生的问题，或者无法正确引导学生思考和探索自己的问题，这会使得朋辈教育的效果受到限制，无法对学生产生更深远的影响。

此外，朋辈教育也面临着时间和资源的限制。大学生们需要平衡学业、社团活动和其他个人事务，他们无法全面投入到朋辈教育中，限制了其发挥作用的深度和广度。有时候，学生们可能只能提供临时性的帮助，而缺乏持续性的陪伴和支持，这会影响到朋辈教育的持续性和有效性。

为了改进和完善朋辈教育，以辅导员为主体的学生工作队伍需要强化对学生的培训和指导。首先，学校可以开设相关的培训课程，教授学生沟通、引导和解决问题的技巧，同时引入专业指导人员，为学生提供结合专业特点、学生学情等具有针对性的知识培训和教育指导，帮助他们更好地开展朋辈教育活动。其次，建立完善的支持体系。学校可以依托学生工作部门设立专门的朋辈教育工作组织，为学生提供必要的资源和支持，帮助他们更好地开展朋辈教育活动。再次，加强与学生工作和心理咨询部门的合作，形成一个多元化的支持网络，为学生提供全方位的帮助和指导。最后，加强宣传和推广。学校可以通过举办讲座、培训班和主题活动等方式，提升学生对朋辈教育的认识和参与意愿，扩大其影响力和覆盖面。

以上措施能够在一定程度上帮助我们提高朋辈教育的质量和效果。学生们将能够更好地开展朋辈教育工作，为同学们提供更全面、专业的帮助和指导，学校的支持和宣传也将为朋辈教育提供更好的环境和条件，朋辈教育将更好地发挥其在大学生分众化主题教育中的作用，促进学生的全面发展和成长。

三、朋辈互教队伍在提升分众化主题教育工作中的展望

在新形势下，利用朋辈教育理念做好大学生思想政治教育工作，需要在分众化教育和朋辈队伍建设方面共同着力，发动辅导员、班主任等主体增强高校分众化主题教育工作的针对性和实效性。

（一）深化朋辈教育理念，践行社会主义核心价值观

社会主义核心价值观是当今我们在为党育人、为国育才过程中必须坚持和发展的思想文化指引。从深层次上来看，价值观作为个人思考问题、指导实践的思维底层逻辑，是贯彻落实立德树人根本任务的重中之重，它是开启大学生树立正确人生观、世界观和价值观的钥匙。在开展大学生分众化主题教育的实践中，我们应该注重朋辈教育理念，通过同伴、同学之间的互帮互助，帮助大学生树立正确的三观①。朋辈教育可以提供具体的案例和经验分享，帮助学生认识和理解核心价值观的内涵，并在实际生活中践行核心价值观，同学们可以互相督促和监督，共同成长，在实践的淬炼中逐渐形成正确的人生观、世界观和价值观。

除了帮助学生树立正确的价值观，在关系到学生日常事务和个人发展方面，朋辈教育能够结合不同学生个体、不同学生群体的特点，针对性地开展生活适应、心理疏导、课程规划、职业发展指导等工作。通过朋辈教育的方式，可以帮助学生解决内心的困惑和焦虑，引导他们积极面对挑战和困难，将自身的追求与社会的需求相结合。朋辈教育还可以帮助学生规划自己的学习和职业发展，提供实用的经验和建议，帮助他们更好地适应现代社会的变化和挑战。

（二）充分利用微媒体平台做好引领工作

随着互联网的快速发展，微媒体平台成为大学生获取信息和交流的重要渠道。高校思想政治教育工作者需要全面掌握微媒体工作的形势和要求，结合朋辈教育理念和任务开辟高校网络思想政治教育的新路径，例如通过运营朋辈教育微信公众号和微博、小红书等社交媒体，全方面、多角度地创造高校分众化主题教育的微体系。

微信公众号等网络新媒体平台，目前已经是广大师生获取新闻等消息的重要平台，也逐渐成为高校学子表达利益诉求、分享学习生活不可或缺的手段，利用好新媒体平台可以高效地传递社会正能量、达到思想政治教育的良好效果。在运营相关内容时，可以紧贴学生的思想动态实

---

① 姜媛媛，王立仁. 当代大学生合作意识培育研究［J］. 学校党建与思想教育，2019（19）：58.

际，关注当下的新闻热点话题，引导学生正确看待社会问题和价值观冲突①。同时，还可以融入价值观教育，通过案例分析、名人故事、心灵鸡汤等方式，让微信公众号等新媒体平台成为引导大学生前行的灯塔。

除了传递正能量和思想理念外，还可以通过微信公众号、微博等与学生的互动方式，了解学生对思想政治理论课程教学的想法与建议。通过问卷调查、留言互动等形式，让学生参与到教育教学改革中来，让他们的声音被听到和重视，同时，可以利用微平台开展形式多样的微活动，如微讲座、微展览、微辩论等，激发学生的学习兴趣和思考能力。

（三）做好朋辈教育队伍建设

培养一支能发挥分众化主题教育应有作用的朋辈队伍，需要从多个方面发力，朋辈教育队伍的建设应该明确责任、严格选拔、日常培训和监督管理。在明确主体责任方面，我们应当看到朋辈互教队伍建设规范的关键在于指导和监督，辅导员承担着思想政治教育、党团和班级建设等九大职责，是大学生主题教育的主体角色，责任重大。同时，辅导员与学生关系最亲近，直接参与和指导学生的成长成才，能够起到最大作用的育人效果，班主任、导师、分管学生工作党委副书记、学校党委学生工作部相关领导和工作人员，都应根据不同的职责划分，界定朋辈互教队伍的管理教育和培训责任。

在选拔方面，需要将政治素质放在首位，重点选拔学习成绩优秀、道德品质过硬、思想行为成熟的学生。同时，较强的沟通能力和人际关系处理能力，能够在开展朋辈教育帮扶中起到积极的作用②。在培训方面，要通过课程业务素质培训和思想道德、政治能力培训，帮助朋辈教育者提高自身的素质和能力，培训内容可以包括政治理论知识、心理疏导技巧、职业规划指导等方面的内容，使他们更好地开展朋辈教育工作。在管理方面，要建立健全的朋辈教育管理制度和评估机制，确保朋辈教

① 段惠方. 高校网络朋辈教育的理论与实践探索［J］. 中国成人教育，2014（21）：76-77.

② 张勇，王峰，李永山. 激活朋辈教育功能，提升高校思想政治教育实效性的探索与实践［J］. 思想政治教育研究，2013（2）：116.

育活动的有序进行和长效开展，要为朋辈教育者提供必要的资源和支持，鼓励他们不断提升自己的能力和水平。

除了选拔、培训和管理外，还应着眼朋辈队伍的长远发展，为其个人成长、团队建设提供更多专业化和职业化的支撑，可以通过设立朋辈教育中心或者专门的朋辈教育组织，提供更多的资源和支持，帮助朋辈教育工作者更好地开展工作。

通过运用朋辈教育理念，充分利用微媒体平台，做好朋辈教育队伍建设，可以有效提升大学生思想主题教育的质量和实效性。朋辈教育的方式可以更好地满足学生的需求，引导他们树立正确的世界观、人生观和价值观，朋辈教育也能够培养学生的领导能力和责任感，提高他们的综合素质和竞争力。综上所述，建立健全朋辈教育的系统工作体制机制，培养一支精干的朋辈教育队伍，对于推动大学生分众化主题教育实践，具有丰富的理论内涵和实践根基，能够推动大学生主题教育工作更加深入人心，为社会培养更多具有责任感、创新精神和社会担当的高素质人才。

第四节　外聘助教队伍

当今大学生的思想需要日新月异，对学校和社会的要求也越来越高，尤其是在个人专业课程学习之外，要求有更高和更专业的辅导教育。在这样的背景下，扩充大学生主题教育队伍、提升分众化主题教育的内容和质量，就显得尤为重要。引用外聘助教队伍，对于改进大学生思想政治教育质量、促进改革发展，具有重要的理论和实践意义。

一、外聘助教队伍的组成和优势

外聘助教是指从社会招聘的具有专业知识和实践经验的教育专家，他们被聘用来协助教师开展教学工作和指导学生。外聘助教的职责包括但不限于以下几个方面：协助教师进行教学准备和课堂管理，如准备教案、设计教学活动、制定评估方案等，提供学科知识和实践经验的指导，解答学生的问题，促进学生的学习和成长，组织和参与学科实践活动，如实验、实习、社会调研等，帮助学生将理论知识应用于实践，参与学校的教育研究和教改工作，积极参与教师培训和学科教学研讨[1]。

（一）组成与选拔

从广义上看，外聘助教队伍的组成包括各个学科领域的专家和从业者，他们在实践经验和专业知识储备方面具有较强优势。从狭义或者各高校的实践上看，外聘助教队伍一般包括优秀学生、学生工作同行、优秀校友、行业杰出人物等，一般要求有专业的知识和较高的思想道德素质，需要结合大学生主题教育专题内容和教学计划，运用各种教学方式进行分众化的教学活动，能够对学生成长起到积极的促进作用。

一般来说，外聘助教可以分为长聘助教队伍和临时助教队伍。长聘助教队伍定期和长期担任学生成长教育的教学任务，临时助教队伍一般为学院根据课程要求临时选聘专家、学者和杰出人物为学生主题教育授课和辅导。选拔外聘助教需要通过严格的招聘流程。长聘助教队伍选拔一般包括初试、复试和指导能力测试等多个环节，临聘助教队伍需要通过院校学生工作部门领导、专家负责重重把关，同时在辅导员和学院的监督指导下有针对性地开展分众化主题教育的培训和学习，以确保他们具备适应大学生主题教育需求的能力和素质。

（二）外聘助教队伍的能力和经验

外聘助教队伍的一个显著特点是他们拥有丰富的实践经验和专业知识。外聘助教队伍具有广泛性，他们来自不同的行业和领域，具备各种背景和经验，能够提供多样化的视角和实践案例，能帮助学生更好地理解和应用所学知识。他们的实践经验可以帮助学生更好地理解学科理论，更好地培养学生良好的实践操作能力和创新创业思维，外聘助教队伍的成员通常是在相关领域具有一定知名度和影响力的专家和从业者，他们拥有先进的学科知识和研究成果，能够向学生传授最新的学科动态和前沿的研究成果，他们的专业能力和经验可以激发学生的学习兴趣，拓宽学生的知识面和视野。

---

① 柳友荣. 应用型大学“外聘教师”：“局外人”还是“相关者”［J］. 教育发展研究，2023（1）：34-35.

（三）外聘助教队伍的灵活性和创新性

外聘助教队伍的另一个优势是他们的灵活性和创新性。由于他们不受传统教学模式和体制的限制，可以充分发挥分众化教育在主题教育中的优势，更加灵活地运用各种教学方法和手段，以适应不同学生的需求和特点，弥补传统大水漫灌式教育对个体关注不足的问题，其创新思维和教学理念能够激发学生的创造力和创新意识，培养学生解决问题的能力和创新精神。

此外，外聘助教队伍通常与学生之间的距离较近，能够更加深入地了解学生的成长现状、需求和问题，他们能够与学生建立良好的关系，促进学生与他们的互动和交流。他们能够倾听不同学生的具体问题和疑惑，并提供针对性的解答和指导，学生可以获得更多的支持和帮助，更好地践行分众化教育的理念，完成主题教育的学习目标和日常任务。

外聘助教队伍在推动大学生主题教育方面具有重要的作用和优势。他们的丰富实践经验和专业知识能够为学生提供全面的指导和支持，促进学生的学习和成长，他们的灵活性和创新性使他们能够运用多样化的教学方法和手段，满足学生的需求和特点。外聘助教队伍的成员通过与学生的互动和交流，能够更好地了解学生的需求和问题，提供个性化的指导和帮助，外聘助教队伍在推动大学生主题教育中发挥着不可替代的作用。

二、外聘助教队伍的现状和作用

近些年来外聘助教队伍在大学生的成长成才过程中起着重要的补充作用，随着社会的飞速发展，外聘助教队伍已经成为弥补学生多元化成长需求的重要力量，促进了我国高校育人质量的快速提升。了解外聘助教在学生成长中的作用对于推动大学生分众化主题教育，提升学生整体成长水平具有重要意义。通过深入分析外聘助教的角色和作用，我们可以找到更好的方法和策略，为学生提供积极、有效的关心支持，促进他们的全面发展。当然，不同高校在运用外聘助教的实践中存在较大差别，针对以上情况本节将从学业帮扶和就业指导两个常见方面展开，讨论外聘助教队伍的工作现状和作用发挥情况。

（一）外聘助教在学生学业辅导中的作用

作为学校教学团队的一员，外聘助教承担着为学生提供学习辅导和指导的重要责任。他们在大学生的学习过程中发挥着重要作用，帮助学生提高学习效果，增强自主学习能力以及解决学习问题。

1．学科知识和经验传授

外聘助教作为教育专家，具备丰富的学科知识和实践经验，他们可以为学生提供学科知识和经验上的传授。通过课堂教学、讲座、研讨会等形式，外聘助教可以帮助学生建立对学科的深入理解，提高学生对学科知识的掌握程度，他们可以分享自己在学科领域的研究成果和实践经验，为学生提供最新的学科动态和前沿的研究成果①。通过与外聘助教的交流，学生可以拓宽自己的学科视野，加深对学科的兴趣，激发学习的积极性。

2．学习指导和辅导

外聘助教在学生学习中的另一个重要作用是提供学习指导和辅导。他们可以帮助学生解决学习中遇到的问题和困惑，提供针对性的指导和建议。外聘助教可以倾听学生的学习需求和困难，与学生一起制定学习计划和目标，帮助学生建立良好的学习习惯和方法。通过个别辅导、小组讨论等形式，外聘助教与学生深入交流，了解学生的学习情况，提供个性化的学习指导和辅导。通过与外聘助教的互动，学生可以获得更多的学习支持和帮助，提升主题教育的课堂效果和育人成效。

3．学习方法和技巧培训

外聘助教还可以为学生提供学习方法和技巧的培训。他们可以教授学生科学的学习方法和技巧，帮助学生提高学习效率和学习能力。外聘助教可以教授学生如何有效地做笔记和总结，如何合理地安排学习时间和任务，如何进行文献检索和整理资料等，还可以培养学生的批判性思维和独立思考问题的能力，教授学生如何通过利用各种资源平台和团队分析和解决学习中的难题。通过学习方法和技巧的培训，学生可以提高自己的独立学习能力，结合主题教育的相关选题，开展自主学习和探究，

---

① 柳友荣．应用型大学“外聘教师”：“局外人”还是“相关者”[J]．教育发展研究，2023（1）：34-36.

更好地适应主题教育的学习要求。

外聘助教在学生学习中扮演着重要的角色。他们通过传授学科知识和经验、提供学习指导和辅导以及培训学习方法和技巧，为学生提供全面的学习支持和帮助，他们的专业能力和经验可以提高学生的学习效果和学习能力，促进学生的学习和成长。因此，外聘助教的参与可以有效提升大学生主题教育的质量和效果。

（二）外聘助教在学生职业规划和素质发展中的作用

外聘助教在学生职业规划和素质发展中的作用是大学生分众化主题教育中的一个关键议题。随着社会的发展和就业环境的变化，大学生面临着越来越多的职业选择和挑战，在这样的背景下，外聘助教作为学校教学团队的一员，可以有效帮助学生科学地进行职业规划设计和提升职业就业素质。他们不仅可以提供专业知识和实践经验，还能给予学生指导和建议，帮助他们了解自己的兴趣与能力，探索适合自己的职业道路。通过深入分析外聘助教在学生职业规划和素质发展中的作用，我们可以更好地推动大学生分众化主题教育，为学生的未来发展铺就坚实的基础。

1．就业和职业发展指导

外聘助教在学生职业规划和就业指导方面起着重要作用。他们具备丰富的职业经验和行业知识，可以帮助学生了解不同职业领域的就业前景和要求，指导学生进行职业选择和规划。外聘助教可以为学生提供就业市场的动态信息和最新的职业发展趋势，帮助学生了解就业形势和行业需求，结合自身经历帮助每位学生制定符合个人特色的职业发展目标和具体行动规划，提供就业技巧和面试准备的指导。通过与外聘助教的交流和指导，学生可以更好地了解自己的职业兴趣和优势，做出明智的职业决策，并为未来的就业和职业发展做好准备。

2．职业规划辅导和支持

外聘助教在职业规划辅导和支持方面也发挥着重要的作用。他们可以与学生一起制定个人的职业规划，帮助学生明确自己的职业目标和发展路径。外聘助教可以通过个别辅导、职业咨询和就业指导等形式，与学生进行深入的交流和探讨，了解学生的职业兴趣、价值观和目标，提供个性化的职业规划建议[①]。他们还可以为学生提供职业发展资源和机会，帮助学生积累职业经验和建立职业网络。通过与外聘助教的职业规划辅导和支持，学生可以更好地规划自己的职业发展，实现自己的职业目标。

3．综合素质教育和领导力培养

外聘助教在学生综合素质教育和领导力培养方面也起着重要的作用。外聘助教可以帮助学生培养良好的思想道德素质和社会责任感，促进学生的全面发展。外聘助教可以组织学生参与各类社会实践活动和志愿服务，帮助学生增强社会参与意识和团队合作能力，还可以培养学生的领导力和创新能力，通过组织学生参与领导力培训和项目管理，激发学生的个人潜力和创造力。通过与外聘助教的交流和培训，学生可以提高自己的综合素质和领导力水平，为未来将要扮演的社会角色做好准备。

外聘助教在学生职业规划和素质发展中的作用是多方面的，他们通过职业发展指导、职业规划辅导和支持以及综合素质教育和领导力培养，为学生提供全面的职业发展和素质提升支持。他们的职业经验和行业知识可以帮助学生了解职业市场和行业需求，指导学生进行职业选择和规划，他们的职业规划辅导和支持可以帮助学生制定个人的职业发展目标和规划，实现自己的职业目标。他们的综合素质教育和领导力培养可以培养学生的道德品质、社会责任感和领导能力，促进学生的全面发展。

外聘助教在学生职业规划和素质发展中扮演着重要的角色。如部分职业院校和普通高校应用性极强的专业大力推动双导师制，学校和企业两名导师分别针对学生学业和就业进行指导教育，他们通过就业和职业发展指导、职业规划辅导和支持以及综合素质教育和领导力培养，为学生提供全面的职业发展和素质提升支持。企业导师的职业经验和行业知识可以帮助学生了解职业市场和行业需求，指导学生进行职业选择和规划，他们的职业规划辅导和支持可以帮助学生制定个人的职业发展目标和规划，实现自己的职业目标，他们的综合素质教育和领导力培养可以培养学生的道德品质、社会责任感和领导能力，促进学生的全面发展。因此，外聘助教的参与可以有效提升大学生主题教育的质量和效果，帮助学生实现自身的职业规划和素质发展目标。

---

① 郭亮．论“以人为本”理念的大学生职业发展教育［J］．学校党建与思想教育，2022（40）：78.

三、外聘助教队伍建设的问题和展望

外聘助教队伍在大学生分众化主题教育过程中的作用是不可忽视的，但是其作用的发挥情况在不同高校呈现出明显的差距和不同，这一方面受制于高校的办学资源，另一方面也与不同教育工作者之间的思想认识有很大关系。

（一）存在的主要问题

一是外聘助教队伍的招募和选拔不严。前面讲到外聘助教须要具备专业知识、教学经验和与学生互动的能力，同时要具备较高的思想政治和道德品质，还要能够与学校的教育目标和教学团队协调一致，认同学校的教学理念，接受学校的监督管理，因此需要有一套严格的招募和选拔机制。但是，受制于高标准的要求以及繁琐的选拔流程，尤其是思想政治和道德品质方面，需要较长时间的考察和严格的审核，部分高校的外聘助教选拔存在很大漏洞，部分要求和流程流于形式。

二是缺乏有效的培训机制。外聘助教作为非专职教师，一方面要适应学校的教学体系和教学方法，另一方面要兼顾好个人主责主业和助教工作。在担任助教的过程中，如果仅依靠助教自我适应学习或缺乏系统全面的培训支持，助教队伍很难快速融入主题教育的教学过程，并容易引发教学工作问题。

三是较难协调内外教学资源。在外聘助教的指导下，学生会接触到更多行业专业知识和实践经验，但是由于缺乏系统的沟通、培训和对校内教学资源信息的掌握，容易出现所教学内容与校内教学内容冲突或脱轨的问题。

四是教学质量的管理和评估困难。外聘助教队伍一般不属于本校或本单位直接管理的人员，一方面很难对其形成严格的管理和监督，另一方面由于其对教学工作不熟悉，教学质量很难得到保证。总的来说，灵活性很强的外聘助教队伍能够提升教学效果，但对其进行监管和评价是一个难点问题。

五是沟通协作困难。外聘助教是来自不同领域和背景的专业人士，但鉴于其教学时间安排、行业间的壁垒等问题，他们很难与学校的教师团队进行顺畅的沟通，从而影响教学工作的顺利展开。

（二）加强外聘助教队伍工作展望

外聘助教队伍因其不同的角色定位和特色优势，能够对大学生分众化教育引导起到积极的促进作用，但外聘助教队伍也存在着较为明显的缺点和不足，对于提升分众化主题教育的质量有着不小的挑战。因此，抓好外聘助教队伍建设对于提升分众化主题教育的实践极其重要，笔者认为可以从以下几个方面考虑。

一是招募和选拔合适的外聘助教是外聘助教队伍建设的首要任务。选拔外聘助教须要综合考虑他们的专业知识、教学经验和与学生互动的能力，为了确保外聘助教的质量，我们可以采取一系列有效的招募和选拔策略。二是建立有效的培训机制对于外聘助教的融入和发展至关重要。培训包括学校的教学理念、教学方法和教学资源的介绍，以帮助外聘助教更好地适应学校的教学要求，还可以提供专业培训，如教学技巧、沟通技巧和学生心理健康等方面的培训，以提高外聘助教的教学能力。三是协调内外教学资源是外聘助教队伍建设中的一项重大任务。学校需要确保内外教学资源的协调一致，避免教学内容重复或者冲突，可以建立跨部门协作机制，促进内外教师之间的交流和合作，共同推动学生的综合教育。四是管理和评估外聘助教的教学质量是外聘助教队伍建设中不可忽视的一环。学校可以建立评估机制，定期对外聘助教的教学质量进行评估和监控，评估包括学生评价、同行评审和教学观摩等多种形式，以确保外聘助教的教学效果和学生的学习体验。最后，解决沟通和合作问题也是外聘助教队伍建设中需要面对的挑战。外聘助教来自不同领域和背景，与学校的教师团队之间可能存在沟通和合作方面的问题，为了加强团队协作，学校可以建立良好的沟通渠道，定期组织交流和研讨会，并鼓励教师之间的合作和互动。

综上所述，有效地发挥外聘助教队伍在大学生分众化主题教育中的补充作用，仍须要高校做出大量工作。通过招募和选拔合适的外聘助教、建立有效的培训机制、协调内外教学资源、管理和评估外聘助教的教学质量、解决沟通和合作问题等一系列措施，学校可以充分发挥外聘助教的优势，为学生提供丰富的实践经验和专业知识，帮助他们更好地发展自己的潜力与素质。

第七章　大学生分众化主题教育的实践指南

新时代大学生分众化主题教育坚持以习近平新时代中国特色社会主义思想为指导，全面贯彻党的教育方针，紧紧围绕立德树人根本任务，结合大学生思想政治教育工作实际，坚持以学生为中心，根据大学四年学生成长发展的阶段性特点与多元化发展需求，坚持理论与实践、育德与育心、共性与个性、课内与课外相协同的方式，解决思想与实际问题相结合的原则，针对不同年级、不同类型学生群体对主题教育的教育理念与思路、教育内容及重点、教育载体与方法等进行分层化、分类化、分级化设计与实施，实现全程全覆盖的精准思政分类教育引导，构建专题式、递进式、沉浸式大学生分众化思想政治主题教育体系。

第一节　大一学生分众化主题教育指南

大学一年级学生思政主题教育，坚持以习近平新时代中国特色社会主义思想为指导，以适应性学习发展教育为基础，以促进大学生“尽快适应大学生活、科学规划学习生涯、努力追求发展进步”为主线，分主题分月份逐步推进新生适应性教育、安全稳定教育、心理健康教育、生涯规划教育、学业辅导教育、学生骨干培养教育等教育模块深入实施，着力构建大学一年级学生思政主题教育体系。

一、教育对象

教育对象为大学一年级学生。

二、教育思路

大学一年级学生思政主题教育要坚持目标导向和问题导向，以促进大学生德智体美劳全面发展为目标，以解决学生思想问题、心理问题和实际难题为宗旨，着力提升大学生思想政治教育质量，切实增强大学生对思政主题教育的获得感与幸福感。思政主题教育各主题可结合本单位学生工作实际与学生发展需求进行教学内容、方法和资源上的创新与拓展，积极探索具有本单位特色的思政主题教育品牌。

三、教育重点和主要内容

大学一年级学生思政主题教育坚持目标导向和问题导向，以促进大学生德智体美劳全面发展为目标，以解决学生思想问题、心理问题和实际难题为宗旨，着力提升大学生思想政治教育质量，切实增强大学生对思政主题教育的获得感与幸福感。

（一）扎实开展理论宣讲和理想信念教育

深入推动马克思主义中国化时代化理论入脑入心，增强大学生对社会主义主流意识形态的理解和认同，积极培育和践行社会主义核心价值观，树立科学的世界观、人生观、价值观，不断增强“四个意识”，坚定“四个自信”，做到“两个维护”。其内容包括：(1) 党的二十大精神宣传教育。通过晚点名、特色党团日、班会等形式，邀请各类宣讲团体成员，对大学生开展全覆盖、深层次的党的二十大精神宣传教育，教育引导大学生深刻领会党的二十大精神。(2) 马克思主义理论教育。引导大学生深入学习马克思主义中国化时代化最新理论成果，特别是加强对习近平新时代中国特色社会主义思想的学习，掌握科学的世界观与方法论。(3) 主流意识形态教育。教育引导大学生树立总体国家安全观，深刻认同社会主义主流意识形态，坚决抵制不良思潮侵袭，严守意识形态安全。(4) 核心价值观教育。构建大学生培育和践行社会主义核心价值观的长效机制，不断增强“四个意识”，坚定“四个自信”，做到“两个维护”。

（二）扎实开展入学前置教育、新生适应性教育、学生骨干培养教育

引导大学生尽快实现从高中生到大学生的转变，掌握适应大学学习生活的节奏与窍门，并通过校史校情、校纪校规学习，熟悉学校发展历史、规章制度和办学优势；积极加入团学组织、党组织，努力成长为素质优秀的学生骨干。

其内容包括：（1）校史校情教育。让大学生了解学校发展历史、办学特色与育人优势，树立爱校荣校情怀。（2）校纪校规教育。让大学生提前学习校纪校规，并开展普法宣传，引导大学生养成遵纪守法习惯。（3）学习生活适应性教育。邀请学科带头人进行专业思想教育，安排高年级优秀大学生现身说法，讲授专业学习方法与大学生活规划，让大学生尽快适应大学学习生活。（4）军训与国防教育。认真组织新生参加军事训练、军事理论课学习，并发挥基层自主创新优势，开展形式多样、内容丰富的国防教育，锻炼学生体魄，锤炼学生坚强意志，培养吃苦耐劳精神，厚植学生爱党爱国爱军情怀。（5）学生骨干培养。严格选拔学生干部，发展学生党员，并依托团支部、党支部及学生会、社团等团学组织加强对学生干部、学生党员等学生骨干的全方位培育。

（三）扎实开展榜样示范、生涯规划、就业指导教育

引导大学生科学制定生涯发展规划，找准人生奋斗目标与发展方向，合理制订学习生活计划，列出时间表、任务书与路线图，为自己的未来描绘好发展蓝图。其内容包括：（1）先进典型教育。邀请学生先进个人与集体作学习经验交流，教育引导大学生向榜样学习，励志奋发成才。（2）优秀毕业生事迹宣传教育。邀请优秀毕业生到低年级开展学习方法与生涯规划经验交流，教育引导一年级学生掌握学习技巧，做好学习规划。（3）生涯规划指导。对大学生生涯规划进行指导，进行一对一咨询辅导，帮助大学生科学制定个人生涯发展规划。

（四）扎实开展校风学风、学业辅导、劳动实践教育

教育引导大学生牢固树立专业思想，扎实学习专业知识与技能，努力提升内在本领与综合素质，不断锤炼道德品质与人格修养，努力争做德智体美劳全面发展的时代新人。其内容包括：（1）校风学风整顿教育。对学生群体突显出来的不良学风考风及时进行纠正，并对违反校纪考纪的学生予以违纪处分，广泛开展违纪处分与案例警示教育，营造良好学风考风校风。（2）学习学业辅导。邀请专业教师、朋辈辅导人员对大学生学业开展分层分类辅导和手拉手精准帮扶，提高学习效率，提升学业成绩。（3）家庭劳动教育。鼓励大学生参与家庭劳动，树立劳动为荣理念，掌握劳动技能，培养劳动习惯。（4）社会实践教育。鼓励大学生积极参与田野调查、社区服务、义务支教、志愿服务等社会实践，在服务

奉献中长知识、增才干、强能力。

（五）扎实开展心理健康、安全稳定教育

引导大学生培养自尊自信、理性平和、积极向上的健康心态，科学识别和有效应对各类电信网络诈骗，不断强化防火防盗意识，切实保护个人人身财产安全。其内容包括：（1）心理健康宣传月。通过心理课程、心理讲座、心理活动、心理咨询与辅导等多种渠道，对大学生开展全方位心理健康教育。（2）防盗防骗教育。开展防盗防骗教育、电信网络诈骗警示教育，切实增强大学生安全防范意识，保护学生人身财产安全。（3）消防安全教育。开展消防安全演练和案例警示教育，教育引导大学生注意用火用电安全。（4）寒假安全教育。教育引导大学生注意寒假期间出行安全、饮食安全、人身财物安全，强化寒假安全生活意识。（5）卫生安全教育。教育引导大学生注意个人卫生和防疫安全，保持寝室整洁、通风，养成文明健康的良好学习生活习惯。

大学一年级全年主题教育具体安排			
月份	教育模块	教育主题	教育内容
8月	入学前置教育	校史校情教育	让大学生了解学校发展历史、办学特色与育人优势，树立爱校荣校情怀。
		校纪校规教育	让大学生提前学习校纪校规，并开展普法宣传，引导大学生养成遵纪守法习惯。
9月	新生适应性教育	学习生活适应性教育	邀请学科带头人进行专业思想教育，安排高年级优秀大学生现身说法，讲授专业学习方法与大学生活规划，让大学生尽快适应大学学习生活。
		军训与国防教育	认真组织新生参加军事训练、军事理论课学习，并发挥基层自主创新优势，开展形式多样、内容丰富的国防教育，锻炼学生体魄，锤炼学生坚强意志，培养学生吃苦耐劳精神，厚植学生爱党爱国爱军情怀。
	安全稳定教育	卫生安全教育	教育引导大学生注意个人卫生和防疫安全，保持寝室整洁、通风，养成文明健康的良好学习生活习惯。
		消防安全教育	开展消防安全演练和案例警示教育，教育引导大学生注意用火用电安全。
		防盗防骗教育	开展防盗防骗教育、电信网络诈骗警示教育，切实增强大学生安全防范意识，保护学生人身财产安全。

续表

月份	教育模块	教育主题	教育内容
10月	生涯规划教育	生涯规划指导	对大学生生涯规划进行指导，进行一对一咨询辅导，帮助大学生科学制定个人生涯发展规划。
	学生骨干培养教育	学生骨干培养	严格选拔学生干部、发展学生党员，并依托团支部、党支部及学生会、社团等团学组织加强对学生干部、学生党员等学生骨干的全方位培育。
	心理健康教育	心理健康宣传月	通过心理课程、心理讲座、心理活动、心理咨询与辅导等多种渠道，对大学生开展全方位心理健康教育。
11月	学业辅导教育	学习学业辅导	邀请专业教师、朋辈辅导人员对大学生学业开展分层分类辅导和手拉手精准帮扶，提高学习效率，提升学业成绩。
	榜样示范教育	先进典型教育	邀请学生先进个人与集体进行学习经验交流，教育引导大学生向榜样学习，励志奋发成才。
12月	校风学风教育	校风学风整顿教育	对学生群体突显出来的不良学风考风及时进行纠正，并对违反校纪考纪的学生予以违纪处分，广泛开展违纪处分与案例警示教育，营造良好学风、考风、校风。
1月	安全稳定教育	寒假安全教育	教育引导大学生注意寒假期间出行安全、饮食安全、人身财务安全，强化寒假安全生活意识。
2月	劳动实践教育	家庭劳动教育	鼓励大学生参与家庭劳动，树立劳动为荣理念，掌握劳动技能，培养劳动习惯。
3月	理想信念教育	马克思主义理论教育	教育引导大学生深入学习马克思主义中国化时代化最新理论成果，特别是加强对习近平新时代中国特色社会主义思想的学习，掌握科学的世界观与方法论。
		主流意识形态教育	教育引导大学生树立总体国家安全观，深刻认同社会主义主流意识形态，坚决抵制不良思潮侵袭，严守意识形态安全。
		核心价值观教育	构建大学生培育和践行社会主义核心价值观的长效机制，不断增强“四个意识”，坚定“四个自信”，做到“两个维护”。
	心理健康教育	心理健康宣传月	通过心理课程、心理讲座、心理活动、心理咨询与辅导等多种渠道，对大学生开展全方位心理健康教育。

续表

月份	教育模块	教育主题	教育内容
4月	学业辅导教育	学习学业辅导	邀请专业教师、朋辈辅导人员对大学生学业开展分层分类辅导和手拉手精准帮扶，提高学习效率，提升学业成绩。
	安全稳定教育	卫生安全教育	教育引导大学生注意个人卫生和防疫安全，保持寝室整洁、通风，养成文明健康的良好学习生活习惯。
		消防安全教育	开展消防安全演练和案例警示教育，教育引导大学生注意用火用电安全。
		防盗防骗教育	开展防盗防骗教育、电信网络诈骗警示教育，切实增强大学生安全防范意识，保护学生人身财产安全。
5月	理论宣讲教育	党的二十大精神宣传教育	通过晚点名、特色党团日、班会等形式，邀请各类宣讲团体成员，对大学生开展全覆盖、深层次的党的二十大精神宣传教育，教育引导大学生深刻领会党的二十大精神。
	学生骨干培养教育	学生骨干培养	严格选拔学生干部、发展学生党员，并依托团支部、党支部及学生会、社团等团学组织加强对学生干部、学生党员等学生骨干的全方位培育，培养学生意见领袖和优秀学生党员干部。
6月	就业指导教育	优秀毕业生事迹宣传教育	邀请优秀毕业生到低年级开展学习方法与求职技巧经验交流，教育引导一年级学生掌握学习技巧和求职法门。
	校风学风教育	校风学风整顿教育	对学生群体突显出来的不良学风考风及时进行纠正，并对违反校纪考纪的学生予以违纪处分，广泛开展违纪处分与案例警示教育，营造良好学风、考风、校风。
7月	劳动实践教育	社会实践教育	鼓励大学生积极参与田野调查、社区服务、义务支教、志愿服务等社会实践，在服务奉献中长知识、增才干、强能力。
		家庭劳动教育	鼓励大学生积极参与家庭劳动，强化感恩父母、回馈父母劳动实践教育，为父母分忧解难，树立劳动为荣理念，掌握劳动生产技能，培养劳动精神和劳动习惯。

四、教育案例

“重塑认知，唤醒动力”本科新生入学教育帮扶案例

张雨晨

世界的模样取决于我们凝视它的目光，很多本科新生在入学后常常容易出现“心态失衡”和“心理落差”，因为高中老师说了上大学很轻松，但实际上上了大学才知道，大学并不比高中轻松多少，不仅要面对繁重的学业还要面对很多人生选择的大事，例如转专业、专业分流等等。学习是终生的大事，大学生学业问题和生涯迷茫常有常伴，如何构建出一套全程化的学业指导和生涯规划体系，是值得思考的问题。美术学院立足学生身心发展特点与需求，以艺馨学习发展中心为平台，以学生参与为主体，通过讲座、沙龙、宣讲会、竞赛等多样化活动形式，以漫画、视频、平面设计等可视化艺术形式，将学业辅导与专业特色相结合，使广大学生在形象化、趣味化的阅读中，在艺术化的环境中感受到学习的力量，唤醒发展的动力。

1．教育主题

生涯规划教育、学业辅导教育。

2．教育目标及内容

（1）教育目标

在学涯适应期，通过开设新生适应讲座、师生午餐会、学长学姐下午茶等特色活动，帮助本科新生尽快熟悉学院和课程，通过举办生涯唤醒讲座、分专业的职业生涯规划讲座等活动，达到唤醒意识、提升动力的目标，促使他们主动学习，激发他们的学习原动力，树立远大中国梦。在生涯积累期，通过精准帮扶计划瞄准学业困难学生，积极做好学业辅导；通过“朋辈＋校友”工作坊、主题讲座、师范生技能训练营、生涯规划书设计大赛等活动，进一步提高学生综合素质和就业竞争力。

（2）教育内容

根据学生学习发展的四个阶段，即需要学习发展干预的适应阶段、自我学习发展意识形成的探索阶段、主动参与发展实践的成长阶段、学习发展能力形成的拓展阶段，围绕学生学业生涯活动中所面临学涯规划

指导、知识技能指导、素质拓展指导、职业发展指导等内容，推动浸入式学风建设，通过多样化、可视化、形象化的形式开展学业指导，营造良好学习氛围，强化学生自我认知，挖掘学生潜能，提升综合能力，培养能够适应时代变化的全面发展的人。

3．教育思路及举措

（1）教育思路

坚持以生为本的原则，针对本科低年级各专业学生制定符合年级特点的指导内容和方式，分层次、分类别地指导和培养。坚持将集中教育和个案教育相结合，通过晚点名主题教育、团日活动等集中教育途径做好思想引领和思路梳理，通过谈心、谈话等个性化帮扶方式做好学困生的学业规划，找准学业问题，制订目标计划，形成“授之以鱼不如授之以渔”的学习教育的良性循环。

（2）主要举措

第一，导员“导心”，找准靶标，拒绝“躺平”。学生进入大学后，高中以往的学习模式、学习习惯、学习方法等都会受到冲击，加上全国各地的基础教育水平差异，很多学生容易陷入“基础弱”“学不过别人”的自我认知误区，即便是自己喜欢的专业，也会产生畏难心理，从而选择躺平，降低自身的学习要求与期望。面对存在学业困难的这类学生，要将适应性教育做细，通过档案查阅、谈心谈话等摸排学生信息，掌握学生特点，在一次次的沟通交流中，引导他们思考大学的意义、专业的价值、人生的目标等重要课题，借助霍兰德职业兴趣代码、MBTI 性格测试等生涯工具，帮助学生找准自身定位，懂得扬长补短，制定属于自己的学习成长路径并在实践中验证调整。

第二，专业“导学”，精准灌溉，主动“翻身”。很多学生在填报高考志愿时很茫然，自己到底想要学什么、专业到底干什么、毕业能做什么，都是所知寥寥。因此，面向全体本科低年级学生开展专业认知教育、专业分流知识介绍等，引导学生树立专业自信显得尤为重要。通过开展师生午餐会、专业分流宣讲会、公费师范生政策解读宣讲会、美术学院专家教授公开课等，做好第一课堂“漫灌”；通过“学长学姐有话说”专业介绍讲座、“校友说”学涯故事会、“学涯漫画”、小艺公开课、师范生技能提升训练营等校园文化活动，配合专业学科竞赛、艺术考察社会实践、创新创业项目培育等，做好第二课堂“滴灌”，以此向学科借力，凝聚起一二课堂的育人合力，帮助学生在理论与实践中全面认知专业，厘清专业发展所需技能，科学制定发展目标，增强学习动力动能。

第三，导师导向，朋辈指引，全力追赶。本科低年级学生，由于在各方面经验存在不足，往往会对学长学姐产生信任与依赖。借由班级助理、学生党员、高年级优秀学生代表、优秀校友等群体，组建朋辈导师队伍，进班级、进宿舍、进课堂，结对子谈心交流、辅导学业、分享经验，将学涯主题教育做“暖”，用朋辈共情引发学习共鸣。通过定期举办小艺公开课四六级冲刺辅导班、专业课期末冲刺辅导班，教资面试模拟考等朋辈学业辅导活动，以老带新逐步帮助低年级学生找到适合自己的学习方法，逐步找到自己的学习步调，完成一条“咸鱼”的逆袭。

4．育人成效及经验

（1）育人成效

第一，建立了五位一体的学业指导工作格局。建立以专家、教师为核心，以同辈学生骨干为主体，以指导员、班主任为保障，以校友为支撑的队伍结构，从思想、知识、思维、职业四个角度引导学生，激发学生学习的内驱力，变被动接受为主动学习，实现导学—领学—乐学—尚学的良性循环。积极探索第一课堂与第二课堂混合教育模式，促进专业知识教育与思想政治教育、学习资源与学生个体发展的有效对接，提高学生学习质量，拓展学生综合素质，服务学生成长成才。依托学院艺馨学习发展中心，以聚力学业发展、成就卓越艺生为宗旨，构筑资源保障、成长赋能、学业提质、创新驱动、融合发展五位一体的学业指导工作新格局。

第二，形成了具有学科特色的学涯主题教育专栏。依托新媒体平台，开发学涯漫话、小艺公开课、学长学姐说、校友说等专栏，充分发挥美院学子的专业优势，将学涯问题画出彩、讲深入。目前学涯漫话已累计推出 36 期作品，围绕低年级学生关切的专业选择、教师资格证考试、评优评先等内容展开创作，收获师生喜爱，累计浏览量超过 2 000 人次。小艺公开课线上栏目以分享美术专业知识、传统非遗技能为主，在传播美中致力于让更多的人走进艺术，感受艺术魅力，培养本科低年级学生加深专业认同，提高感受美、鉴赏美、表达美的能力。目前小艺公开课已经累计推出线上视频 25 个，原创推文 32 条，反响良好。

第三，开发了具有华师元素的学涯人物形象。创作“美小匠”和

"美小馨"两个漫画人物，以蜜蜂拟人化的可爱形象，融入华师元素，如华师绿、桂花等，既容易受到大学生群体的接受与喜爱，又诠释出大学生在学习过程中应该要具有的勤劳的品质。

"美小匠"和"美小馨"两个漫画人物形象围绕当前大学生群体的话语体系，通过诙谐幽默的独白或对话方式，将常见的学业问题以可视化、形象化、趣味化的形式展现，让本科低年级学生在欣赏和品味极具故事化情节的漫画作品中，提高学习兴趣、强化学习动机、提高学习能力、解决学习问题，实现了学业辅导在内容与形式上的特色创新。

第四，推动了尚学乐学的优良学风建设。坚持个性化导学与全员化助学两手抓，立足本科低年级学生身心发展特点，以课程促专业学习，以沙龙促学业交流，以比赛促技能提升，使广大学生在形象化、趣味化的主题教育活动中，在艺术化的学习环境中感受到学习的力量，推动浸入式学风建设，在全院、全校范围内营造良好学习氛围，强化学生自我认知，挖掘学生潜能，提升综合能力，培养能够适应时代变化的全面发展的人。

(2) 经验启示

第一，全员抢占入学教育先机。新生入学教育事关迈开大学关键步、扣好人生第一颗扣子的大工程，这项工作不能单靠辅导员来完成，要凝聚起专业教师、班主任、优秀朋辈等多方育人合力，全员参与、协同配合，指引新生成长方向，摆正心态，为后续的学业发展和生涯发展奠定良好基础。

第二，全方位应对学生发展转机。学业帮扶不单单只是帮扶学业，这里面还涉及自我认同感、专业认同感、世界观人生观价值观等心理层面内容，这需要运用生涯规划教育、心理健康教育、理想信念教育等育人方式，挖掘新生成长可能。面对存在学业困难的学生，要以解决学生实际问题为主，同时关注学生心理、生活、交际状态，以点及面做到全方位帮扶。

第三，全过程把握专业认知契机。本科低年级学生要学会向学科、专业借力，基于不同年级阶段的学生特点和需求，遵循时间维度，从入学认识专业、在校内化、选择专业到掌握运用专业，层层递进开展专业认知课程与实践，铺就本科新生学业成长之路。

“七个一”爱国主义教育

——只有自己是一团火，才能照亮别人

戴　睿

爱国主义是中华民族的民族心、民族魂，是中华民族最宝贵的精神财富。而当下国际、国内形势面临深刻变化，加之中华民族伟大复兴之局和百年未有之大变局，大学生思想政治教育既面临有利条件，也面临严峻挑战。大学生作为宝贵的人才资源，既是民族的希望也是祖国的未来。我校有着庞大的师范生群体，师范生作为教师预备役，一方面自身就是中国特色社会主义事业的继承者和接班人，另一方面也承担着培育下一代接班人的重要任务。因此，引导我校学生厚植爱国主义、培养家国情怀尤为重要，更是我辈辅导员的应尽之责。

1．教育主题

爱国主义教育。

2．教育目标及内容

（1）教育目标

培养学生正确的国家观、民族观和历史观，增强对中国共产党，对祖国的热爱、认同和责任感，引导学生树立为国家建设和社会发展贡献力量的意识，并付诸行动。

（2）教育内容

“七个一”爱国主义教育。

3．教育思路及举措

（1）教育思路

首先，通过日常走访寝室、谈心谈话了解年级学生的思想动态，依托晚点名主题教育、形势与政策课广泛开展爱国主义教育；其次，依据前期工作了解，对特别情况学生在了解基础信息的前提下，开展单独谈心谈话教育，从根本上解决问题，埋下爱国的种子；再次，举办爱国主义系列活动、营造良好的爱国主义校园文化、鼓励学生参加社会实践等，引导学生在实践中厚植爱国情操。

（2）主要举措

第一，一堂爱国主义主题教育课：通过主题教育，帮助学生强化理想信念，厚植爱国主义情怀。

第二，一节翻转课堂的形势与政策课：邀请学生分享自己身边发生的爱国主义小故事，可以以“我身边的党员故事”“党旗所指，团旗所向”等为主题，通过朋辈故事分享引导学生深化爱国思想。

第三，一封真挚的书信：依托重要节庆或历史重要纪念日，开展家书/书信撰写活动，学生可以向亲友、先烈、历史人物书写一封信，抒发自己的感情，引导学生在活动中深入理解家国概念。

第四，一场推心置腹的谈心谈话：多维度了解学生，了解学生的家庭背景、成长环境等，从根源寻找培植爱国主义的关键点，让爱国主义教育精神深深植根于学生的心中。

第五，一趟博物馆红色教育之行：通过参观相关纪念馆和博物馆，帮助学生更好地理解祖国的文化历史，增强对祖国的文化自信和自豪感。

第六，一次红色主题社会实践：鼓励学生参与各种社会实践活动，通过亲身实践并承担实际责任，培养学生为国家、为社会贡献力量的意识和行动能力。帮助学生深入体验爱国主义教育的价值和意义，并将其内化为自己的生活观和行为准则。

第七，一个自发经营的网络思政教育新阵地：基于前期爱国主题教育的开展，引导学生自主自发地在年级、班团网络媒体平台开展爱国主题的新闻宣传推送，起到润己泽人的作用。

4．育人成效及经验

（1）育人成效

随着我院 2022 级“七个一”爱国主题教育活动的开展，历史文化学院 2022 级学生的红色基因得到了有效增强。

历史文化学院 2207 班同学，主动占领网络思想政治教育新阵地，依托班级微信公众号，宣传爱国主义正能量思想，建构网络教育阵地，实现自我教育。截至目前发送“勿忘国耻，七七事变”“中国人民抗日战争胜利 78 周年纪念日”“华师人代代传薪，燃烧百年的教育之火”“不曾忘、不敢忘、不能忘——九一八事变”等多篇红色主题宣传推文。充分发挥网络思想文化阵地的作用，运用大学生喜欢的表达方式开展思想政治自我教育。

历史文化学院 2022 级部分学生自发组成“历知”团队，他们秉持“成德、创新、求实、进取”的精神，依托专业知识，发掘历史教科书、中共党史部分中的红色故事，通过巧妙的设置，撰写出红色剧本杀，并面向学校附近的社区青少年空间，开展红色剧本杀系列课程。截至目前，已编撰出“星星之火，可以燎原”“闪闪红星”等剧本杀课程教材，面向保利公园九里托管室、复地悦城社区青少年空间、幸福社区等五十个社区开展多场剧本杀课程。活动深受社区少年的喜爱，实现了润己泽人的思想政治教育效果，并为师范生们后续走上讲台奠定坚实的基础。

（2）经验启示

第一，传道者首先应当明道、信道，本着教育者先受教育的原则，身为辅导员，有责任、有义务自主、自动、自发地接受红色教育，定期参观红色教育基地，研讨理论文件，才能够有感而发，真情实意地开展思想政治教育。只有自己是一团火，才能够照亮他人，于辅导员、于师范生而言，皆是如此。身为传教者，我们必须明确，传承红色基因，延续红色精神是身为教育工作者的责任与义务。

第二，红色教育既可以是有形的，也可以是无形的。理论研究与实践并重，课堂教学与校园文化建设齐头并进，才能紧紧抓住大学生思想政治教育的拔节孕穗期。

第三，主动占领网络思想政治教育新阵地，要采用学生喜闻乐见的方式开展思想政治教育。可以依托网络开展思政教育，使网络成为弘扬主旋律、开展爱国主义教育的重要手段。

第二节　大二学生分众化主题教育指南

大学二年级学生思政主题教育，坚持以习近平新时代中国特色社会主义思想为指导，以提高学生综合素质为首要目标，以“思想铸魂、素质拓展、发展赋能”为主线，以理想信念教育、心理健康教育、班风学风建设、创新创业教育、劳动实践教育等为主要内容，着力建构渐进式、贯通式、分众式思政主题教育体系，对大学生开展分层分类教育，帮助大学生提高思想素质、提升政治觉悟、强化专业能力、拓展综合素质、锤炼品格修养，促进大学生德智体美劳全面发展。

一、教育对象

大学二年级学生。

二、教育思路

大学二年级学生思政主题教育从单位专业实际和学生实际出发，结合专业特色和学生特点精准施教，开展学生分层分类思政主题教育，有效满足学生实际发展需求。在主题教育课程内容中选取富有时代气息、反映时代脉搏、彰显时代精神的主题教育素材，并把深刻的道理以学生乐于接受的形式进行呈现和对接，如创新开设微课堂、动漫课堂、翻转课堂、沉浸式学习课堂等，做到内容丰富、形式新颖、生动活泼。思政主题教育各主题可结合本单位学生工作实际与学生发展需求进行教学内容、方法和资源上的创新与拓展，积极探索具有本单位特色的思政主题教育品牌。

三、教育重点和主要内容

（一）坚持以理想信念教育为核心

结合理想信念教育，坚持用马克思主义理论指导思政主题教育，以培养和发展学生党员为突破口，以弘扬和传播社会主义主流意识形态为重要内容，切实加强社会主义核心价值观教育，着力培育大学生坚定的理想信念与爱党爱国情怀，教育引导大学生努力成为社会主义现代化强国事业的合格建设者和可靠接班人。其内容包括：（1）爱国主义教育。喜迎国庆，开展全方位爱国主题教育，回顾祖国发展足迹，开展“我与祖国同奋进”主题教育，激发学生爱国情怀。（2）社会主义核心价值观教育。学习社会主义核心价值观，引导学生正确理解集体主义和个人主义内涵，指正大学生功利化的价值心态，养成正确的金钱观和消费观，树立正确的人生观和价值观。(3）社会责任感教育。举办“12·5 国际志愿者日”学习专场活动，向优秀志愿者致敬，评选优秀志愿者，弘扬志愿精神，传递公益力量，培养学生从我做起、从身边小事做起，倡导学生做一个有温度的人。（4）中秋传统文化教育。组织开展庆祝中秋佳节活动，提高学生文化自信与文化传播积极性，坚定文化自信和民族自豪感。

（二）坚持以班风学风建设为重点

加强专业思想教育，开设名师讲堂，用大师导学，提高对所学专业的热爱和崇敬，夯实学生专业学习基础。坚持以生涯辅导、学习经验交流、学术科研沙龙、专业素质能力大赛等方式，教育引导学生科学规划学习生涯，全面掌握学习与科研技能，提高专业素质与修养。依托辅导员、班主任、团学干部、学生党员骨干、学习模范等力量，广泛开展形式多样、内容丰富的班风学风建设活动，打造卓越班集体。加强学习先进，表彰与选树典型，持续开展学习后进生帮扶，营造乐学、勤学、善学的良好氛围。其内容包括：（1）校风学风教育。搭建朋辈学习交流平台，交流学习方法；学习校纪校规，开展考风考纪、诚信应考教育；举办学风建设报告会，加强学风建设。（2）学习学业指导。督促学生再次熟悉专业人才培养方案，对标自己当前情况，合理规划未来课程安排及实习设想。推介语言类考试与通用技能考证等考试资源包，组建年级内志愿服务团队进行考前辅导帮扶，宣讲备考攻略，为学生顺利通过毕业要求的基础性考试提供帮助。锻炼学生批判性思维，培养学生高效阅读和知识搜索能力，提升学生专业学习素养。梳理课程学习问题清单，解答本专业学习、辅修课程学习等问题，邀请高年级学长学姐分享学习方法，帮助学生科学管理时间，合理规划大学安排。（3）评优评先教育。清查学分，做好帮扶。学习宣传评优评先文件政策，组织开展评优评先，宣传先进典型，发挥榜样示范带动作用。

（三）坚持以创新创业教育为突破

坚持将创新创业教育融入人才培养、贯穿思政主题教育课程模块，着力构建创新创业教育课程群，满足大学生创新创业多元化学习需求，并通过课程教学、项目孵化、团队培养、人才培训、政策引导、资金扶持、条件保障等综合手段，提高大学生创新创业意识与能力，培养类型多样、经营多元、发展前景可观的创新创业项目与团队，培养创新创业达人，提高创新创业人才培养质量。其内容包括：（1）创新创业教育。梳理与本专业相关的学校、学院各类学科竞赛，做好申请动员，组织开展系列培训、比赛，以赛促练，提高学生创新能力，锻炼学生思维能力。（2）创新创业精神与能力培育。宣讲创新创业活动信息，组织创新创业师生交流专场会，激发创新创业参赛热情，提高学生创新创业能力。

(四) 坚持以心理健康教育为关键

紧盯心理问题学生这一关键少数，充分借助学校心理健康教育中心、学院二级心理工作站及校外心理诊疗机构专业资源，开设深受大学生喜爱的心理健康教育素质课程，对本年级学生实现全覆盖教学，并通过心理咨询、团体辅导、心理沙龙、心理游园会等教育渠道，提高大学生对于心理教育课程与活动的亲近感与信任感，全面提升大学生心理健康素质，培养大学生阳光向上、理性平和的健康心态。其内容包括：(1) 人际交往教育。针对大二学年学生恋爱数量明显增加、宿舍关系分歧频发、自我认知困惑增强等情况，针对性开展情感心理课堂、良好生活方式的养成、认识自我放飞梦想等主题活动。(2) 心理教育、咨询与辅导。推介假期在线心理咨询资源，宣传相关心理健康教育知识；开展升学适应教育，帮助学生更好完成年级过渡和身份转变。(3) 缓解焦虑情绪。依托学校心理健康教育中心、学院二级心理健康教育工作站，通过团体辅导、心理讲座、手工解压、素质拓展等形式开展相关主题心理健康教育，改善大二学生群体中呈现的情绪调节、人际交往、自我认知等方面的问题。

(五) 坚持以安全稳定教育为保障

通过思政主题教育增加大学生人身财产安全和个人防护意识是大学生安全稳定教育的重要内容。要聚焦校园贷、电信网络诈骗、用火用电安全、人身财产安全、卫生防疫安全、交通安全等主题，依托专业教师、辅导员、班主任及校外专业人士开设一系列安全教育主题课程，切实增强大学生危机意识、安全意识与防护能力，着力打造和谐、安全、宁静的平安校园。其内容包括：(1) 生命安全教育。开展珍爱生命、寒假安全和春季传染病预防教育。(2) 网络安全教育。推广学校信息化建设成果，解读校园 VPN 使用方式，倡导学生健康文明上网，杜绝网络成瘾，培养学生合法合规文明上网的良好习惯；专题宣讲防电信诈骗知识，引导学生警惕刷单类诈骗、代办信用卡或贷款诈骗、冒充公检法机关诈骗、QQ(微信) 冒充亲友诈骗、冒充网购客服退款诈骗、冒充熟人电话诈骗等各类电信诈骗。

大学二年级全年主题教育具体安排			
月份	教育模块	教育主题	教育内容
8月	劳动实践教育	社会劳动实践	回顾社会实践，开展社会实践总结，申报评选各类社会实践先进集体、先进个人。
	心理健康教育	心理教育、咨询与辅导	推介假期在线心理咨询资源，宣传相关心理健康教育知识；开展升学适应教育，帮助学生更好完成年级过渡和身份转变。
9月	理想信念教育	中秋传统文化教育	组织开展庆祝中秋佳节活动，提高学生文化自信与文化传播积极性，坚定文化自信和民族自豪感。
	生涯规划教育	生涯规划指导	总结大一学年，展望大二学年，指导学生开展学年小结主题班会，撰写学年小结，修订大二阶段《我的大学生涯规划书》，进一步明晰未来职业发展方向。
	学业辅导教育	评优评先教育	清查学分，做好帮扶。学习宣传评优评先文件政策，组织开展评优评先，宣传先进典型，发挥榜样示范带动作用。
10月	理想信念教育	爱国主义教育	喜迎国庆，开展全方位爱国主题教育，回顾祖国发展历程，开展“我与祖国同奋进”主题教育，激发学生爱国情怀。
	校纪校规教育	校纪校规专题学习	组织学生系统学习校纪校规，包括学籍管理规定、违纪处分与矫正教育办法等，引导学生树立规则意识，守好道德底线和法律红线。
	学生资助教育	资助政策讲解	集中解读各类资助政策，如助学贷款政策、助学金政策、临时困难补助实施方案等，做好各类奖学金类别介绍，组织好奖助学金的申请、评审工作，充分发挥资助育人作用。
11月	心理健康教育	人格健全发展	通过“大学生人格发展与心理健康教育”等微主题教育，帮助学生了解相关知识，培养健全人格，塑造身心健康全面发展的大学生。
	创新创业教育	学科竞赛指导	梳理与本专业相关的学校、学院各类学科竞赛，做好申请动员，组织开展系列培训、比赛，以赛促练，锻炼学生思维能力，提高学生创新能力。
	劳动实践教育	校园劳动主题教育	开展宿舍大扫除等劳育实践，宣讲劳动模范人物事迹，评选劳动之星，培养学生掌握基本劳动技能，帮助学生养成正确的劳动观念。

续表

月份	教育模块	教育主题	教育内容
12 月	心理健康教育	缓解焦虑情绪	依托学校心理健康教育中心、学院二级心理健康教育工作站，通过团体辅导、心理讲座、手工解压、素质拓展等形式开展相关主题心理健康教育，改善大二学生群体中呈现的情绪调节、人际交往、自我认知等方面的问题。
	法制教育	法律知识学习	以“12·4 国家宪法日”为学习契机，号召学生学习宪法的由来与意义，提高法制意识，引导学生成为知法守法的合格公民。
	社会责任感教育	志愿服务教育	举办“12·5 国际志愿者日”学习专场活动，向优秀志愿者致敬，评选优秀志愿者，弘扬志愿精神，传递公益力量，培养学生从我做起、从身边小事做起，倡导学生做一个有温度的人。
1 月	理想信念教育	社会主义核心价值观教育	学习社会主义核心价值观，引导学生正确理解集体主义和个人主义内涵，指正大学生功利化的价值心态，养成正确的金钱观和消费观，树立正确的人生观和价值观。
	校风学风教育	诚信考试教育	搭建朋辈学习交流平台，交流学习方法；学习校纪校规，开展考风考纪、诚信应考教育；举办学风建设报告会，加强学风建设。
	安全稳定教育	生命安全教育	开展珍爱生命、寒假安全和春季传染病预防教育。
2 月	劳动实践教育	寒假劳动实践教育	宣传寒假社会实践和劳动实践方案，培养学生自立自强意识；开展假期家庭走访，假期家校联络，传递学校关爱；线上开展春节特别活动，营造良好节日氛围。
	网络思政教育	网络安全教育	推广学校信息化建设成果，解读校园 VPN 使用方式，倡导学生健康文明上网，杜绝网络成瘾，培养学生合法合规文明上网的良好习惯；专题宣讲防电信诈骗知识，引导学生警惕刷单类诈骗、代办信用卡或贷款诈骗、冒充公检法机关诈骗、QQ（微信）冒充亲友诈骗、冒充网购客服退款诈骗、冒充熟人电话诈骗等各类电信诈骗。
	民族团结教育	少数民族学生团结教育	用好思想政治理论课和校园文化建设活动双重渠道，开设民族团结主题教育课程，举办形式多样的民族文化活动，加强各族学生间的情感交流；组织少数民族学生午餐会，家访少数民族学生，关注少数民族学生群体思想动态和学业发展，切实做好大学生民族团结教育工作。

续表

月份	教育模块	教育主题	教育内容
3月	法制安全教育	个人权益保护	宣传校院两级权益平台信息；学习消费者权益维护方法，保护大学生各项权益，谨防节日消费陷阱。
	生涯规划教育	朋辈帮扶教育	邀请优秀学长学姐分享升学、就业、竞赛、生涯规划等方面经验，教育学生做好发展规划，明确人生航道，树立正确的就业观，激发学生奋发学习和发展自我的动力。
	创新创业教育	创新创业精神与能力培育	宣讲创新创业活动信息，组织创新创业师生交流专场会，激发创新创业参赛热情，提高学生创新创业能力。
4月	心理健康教育	人际交往教育	针对大二学年学生恋爱数量明显增加、宿舍关系分歧频发、自我认知困惑增强等情况，针对性开展情感心理课堂、良好生活方式的养成、认识自我放飞梦想等主题活动。
	学业辅导教育	学习学业指导	督促学生再次熟悉专业人才培养方案，对标自己当前情况合理规划未来课程安排及实习设想；推介语言类考试与通用技能考证等考试资源包，组建年级内志愿服务团队进行考前辅导帮扶，宣讲备考攻略，为学生顺利通过毕业要求的基础性考试提供帮助。锻炼学生批判性思维，培养学生高效阅读和知识搜索能力，提升学生专业学习素养。
5月	党团骨干教育	党团知识学习	策划“五四”主题活动，弘扬“爱国、进步、民主、科学”的五四精神；通过举办“不忘初心”党团知识宣讲等，引导青年积极向党团组织靠拢，并以高标准严格要求自己。
	感恩教育	感恩意识培养与感恩能力提升	观看《感动中国十大人物》节目，组织“写一封感谢的信”“谢谢身边的你”等感恩主题活动，鼓励学生勇敢表达对父母、朋友、学校和自己的爱。
	就业指导教育	求职就业指导	开展“兼职面面观”主题活动，全面梳理兼职、实习要点，做好大学生安全兼职教育；开展就业指导教育，树立正确的择业观、实习观。

续表

月份	教育模块	教育主题	教育内容
6月	理想信念教育	爱国主义精神培养	开展“同信仰对话”主题活动，与学生共同探讨“理想、信念、追求”的意义，引导学生将个人梦想与中国梦的实现相结合，培养爱国奉献、勇于担当的时代新人。
	廉洁教育	廉洁自律教育	开展“修身立德，律己律人”廉洁主题活动，讲述廉洁故事，增强大学生自律意识，筑牢大学生思想防线。
	生态文明教育	环境生态保护	关注世界环境保护日，开展“保护环境我们在行动”、“熄灯1小时”等环保主题活动，宣传生态多样性与环境保护知识，培养学生保护环境与自然和谐相处的意识。
7月	文明礼仪教育	文明礼仪修养提升	加强文明礼仪宣传教育，开展多样文明礼仪小课堂；树立文明礼仪先进典型，发挥示范作用。
	学业辅导教育	学习学业指导	梳理课程学习问题清单，解答本专业学习、辅修课程学习等问题，邀请高年级学长学姐分享学习方法，帮助学生科学管理时间，合理规划大学安排。
	劳动实践教育	社会劳动实践	向学生宣传暑期社会实践安排，开展暑期社会实践安全教育，引导学生在实践与劳动中长才干。

四、教育案例

先锋引领、榜样示范，积极构建朋辈育人新模式

庄甲鹏

“做好高校思想政治工作，要因事而化、因时而进、因势而新”，习近平总书记在全国高校思想政治工作会议上发表重要讲话，突出强调了必须与时俱进，遵循思想政治工作规律，遵循教书育人规律，遵循学生成长规律，不断创新工作方法，增强高校思想政治工作的时代感和吸引力，提升思想政治教育亲和力和针对性。计算机学院全面落实立德树人根本任务，着力培养德智体美劳全面发展的社会主义建设者和接班

人，积极探索符合新时代工科大学生特点的思想政治教育形式，开展以“先锋引领、榜样示范”的大学生朋辈育人实践，树立学生典型、凝聚学生思想、涵育学生情怀、温暖学生情感，讲好新时代计算机人的故事，以文化人、以文育人，增强新时代思想政治教育工作的吸引力和感染力。

1．教育主题

榜样示范教育。

2．教育目标及内容

（1）教育目标

通过实施“先锋引领、榜样示范”的大学生朋辈育人主题教育，以多种形式向青年学生讲述身边鲜活的典型个体，让青年学生愿意看、能还原、有参照，形成砥砺品格、朋辈相携的新型育人机制，提升新时代大学生思想政治教育实效。在以下几个方面取得了成效：凝练精神、总结传统，进一步明确人才培养及思政工作的目标理念和发展方向；温暖人心、凸显情怀，进一步增强师生的认同感和满意度，增强凝聚力和向心力；榜样引领、正向激励，进一步增强学生立志、爱国、求真、励行的内心动力。

（2）教育内容

第一，建构朋辈榜样选拔机制。学院党团组织、政工队伍等密切配合，积极参与朋辈榜样选拔，形成合力。各级组织随时随地关注学生动态，利用新生入校摸底、师生访谈、学生活动、学科竞赛等途径，寻找、发现感人故事、感人典型，并向学院推荐身边的学生榜样。建立学生先进典型信息库，完善朋辈榜样管理。坚持以学生为本，发挥学生的主动性、积极性和创造性。学院由主导变为引导，鼓励学生广泛寻找、深入挖掘周围的朋辈榜样，引导学生用自己的眼光审视身边的榜样，用心灵去体会、感悟榜样的成长历程。使学生能主动学习身边榜样，自觉认同榜样。根据学院特色选拔个性特长鲜明的大学生朋辈榜样，建立健全朋辈榜样的发掘、评选和建立机制，为朋辈榜样文化建设提供制度保障。

第二，建立朋辈榜样培养体系。根据榜样的典型事例或精神、个性特征将其划分为自强、志愿、创业、标兵等类型，根据当前学生思想特点和学院教育实际情况，挖掘出适合榜样示范教育的朋辈榜样类型。根据朋辈榜样的不同类型和成长需要，建立由教师、思政干部组成的导师制，实施一对一、一对多的个性化培育，有针对性地指导他们的学业、人生发展、兴趣特长等，以实现朋辈榜样的“保鲜”与可持续发展。搭建朋辈榜样服务社会的实践平台，如组织榜样学生开展志愿服务、义务支教、科技支农、防诈宣传进社区等活动，让朋辈榜样在了解社会、锻炼自身才干的同时用自身所学所能去服务社会、奉献他人，增强榜样的社会责任感和实践能力，始终保持典型的先进性，起到引领同学成长成才的作用，凸显服务社会的朋辈示范效应。

第三，搭建朋辈榜样展示平台。学院充分利用学校评优评先体系组织开展各类竞赛、评奖、评优活动，如通过“挑战杯”、“互联网＋”校赛、院赛等选拔创新典型，通过“校长奖”“三好学生标兵”等遴选学习榜样，通过“大学生自强之星”评选挖掘励志榜样等，将遴选的过程变成学生之间相互学习、促进成长的机会。重视表彰，每年汇总学生获奖信息，分门别类，编辑成《计算机学院学生光荣册》；举办“计科祝贺你”学院表彰大会，对榜样进行奖励，激发他们积极向上的热情；综合运用互动交流、专场访谈、分享会等多种形式，挖掘榜样先锋，激发先进典型带动力，营造榜样在身边、人人争先进的良好学习氛围。学院既树立人的榜样，也树立“行为”榜样，对榜样行为进行直接展示。我们不仅着眼于优秀的人，还着眼于真善美的行为，着眼于身边小事，用朋辈的行为影响朋辈。

3．教育思路及举措

（1）教育思路

以习近平新时代中国特色社会主义思想为指导，紧紧围绕立德树人根本任务，运用“互联网＋”思维推进朋辈榜样文化育人。将“互联网＋”大数据、新媒体、虚拟现实技术与传统文化育人工作优势有机融合，使朋辈榜样文化育人工作实现由平面向立体、由静止向动态、由单一向多维的转变，创新思想政治教育方式，使榜样育人“全”起来、“动”起来、“转”起来，不断增强时代感和吸引力，从而更好地培养担当民族复兴大任的时代新人。

（2）主要举措

第一，搭建“日常＋专题”全方位朋辈育人平台。学院在高年级学生中公开招募选拔品学兼优、综合表现优秀的学生担任新生班级副班主任，充分发挥副班主任在入学教育、班级建设、校园文化活动中的模范带头和组织协调作用，引领新生迅速适应大学生活，副班主任也成了新生学业上的引路人、生活中的贴心人。学院还遴选一批模范践行社会主义核心价值观，在自立自强、遵纪守法、刻苦学习、敬业乐群、精益求精、实干创新等方面有突出表现的在校学生，定期组织他们以报告分享、才艺展示、互动交流、视频录制、专场访谈等形式用真心、真情讲好“计算机人的故事”，用身边的优秀朋辈引领带动学生。学院坚持以班级为单位每个学期扎实开展学期小结班会，同学们以 PPT 展示的形式汇报，分享他们个人独特的经历与成长的故事，用身边人、身边事教育鼓舞学生，很好地营造了朋辈间共同学习、共同进步的氛围。

第二，建构“线上+线下”立体化朋辈育人场景。以学院网站、微信公众号为载体平台，在官网设立“学子风采”，在官微中设立“学子榜样”，新建“视频公众号”，搭建网络思政工作矩阵。保研学子、优秀学生干部等通过新媒体讲述他们的故事，累计阅读量达 100000+，做到“无处不教育、处处是课堂”，形成了积极的正面的思想引领和示范。学院扎实开展学年（学期）小结班会，8 年来，已累计开展学期小结活动 300 余期。学院将“计算机人的故事”主题系列活动整理汇编，在 2021 年 12 月出版了《砥砺奋进中成长——华中师范大学“计算机人的故事”》一书，集中展现学院学生工作、人才培养、党建思政工作成果，学院新生人手一册，让学生在可知可感可接触中提高认识、砥砺品格，促进朋辈相互学习。

4. 育人成效及经验

(1) 育人成效

通过开展“先锋引领、榜样示范”的大学生朋辈育人实践活动，对激励学院学生向上向善、培育优良院风学风发挥了十分重要的作用，学院的学生工作展现出新的面貌。

学生在 2023 年第十八届“挑战杯”全国大学生课外学术科技作品竞赛总决赛中斩获特等奖，这是学校历史上第四个“挑战杯”特等奖，也是学校在科技发明制作类中首次获得全国特等奖。机器人俱乐部团支部被团中央授予“全国活力团支部”称号，学院获评学生工作先进单位，院团委多次被评为校红旗团委。学院本科生在八届“校长奖”评选中，获得六届（2016、2017、2018、2020、2021、2023），本科生党支部荣获全校党支部风采大赛第一名、华中师范大学先进党支部。学院先后在“互联网＋”大学生创新创业大赛、“挑战杯”全国大学生课外学术科技作品竞赛、ACM-ICPC国际大学生程序设计大赛、中国机器人大赛等各类学科竞赛中获得省级以上奖励超过600人次。

一批学生先进典型被媒体广泛报道。2023年，学院南湖十一栋309寝室学生全员保研，该事迹受到人民日报、学习强国、湖北日报、共青团中央微信号、各省共青团微信号等各类知名媒体的广泛报道，其中多个平台浏览量10万＋，学生代表受邀参加湖北省共青团品牌栏目“强国新生代”访谈节目的录制，发挥了示范引领作用，提升了学科专业美誉度。

（2）经验启示

传统的说教式、灌输式思想政治教育方式已不再适应新时代大学生的特点，做好高校思想政治工作，比以往任何时候都更有挑战性，也更加须要创新方式方法。高校思想政治工作要因事而化、因时而进、因势而新，探索构建符合新时代大学生思想特点的育人新模式；要深刻把握时代脉搏的变迁，创新工作方法，更接地气、更贴近青年，才更有成效。

计算机学院不断提升思想政治教育亲和力和针对性，积极探索以“先锋引领、榜样示范”的以朋辈关系为基础，通过相互扶持和互助的方式促进个体全面成长和发展的大学生朋辈育人新模式。针对新时代大学生思想政治教育的特点和规律，通过身边最真实的人和事，帮助青年学生感知和领悟榜样及其故事中的核心价值，从而弥补传统教育的不足之处，使教育更加贴近学生的实际需求和生活经验。这种模式强调平等、尊重和共同成长的理念，使学生之间能够更好地交流、互动和学习，用青年学生喜闻乐见的形式让思想政治教育更加有滋有味、有声有色，营造了全员、全方位、全过程育人的良好氛围，促进了学生思想政治教育工作取得实效。

以美养德　精准育人

——系统推进“精准思政”，着力培育时代新人

刘　倩

习近平总书记在2022年春季学期中央党校（国家行政学院）中青年干部培训班开班式上强调：“要强化精准思维，做到谋划时统揽大局、操作中细致精当，以绣花功夫把工作做扎实、做到位。”华中师范大学美术学院深入贯彻落实立德树人的根本任务，始终围绕学生、关照学生、服务学生，以精准思维推动各项举措落实落细，确保学生思想政治工作见行见效①。

1．教育主题

美育精准思政。

2．教育目标及内容

（1）教育目标

在科学把握思想政治教育规律和大学生成长规律的基础上，结合时代发展的新要求新内容，精准把握学生成长需求，坚持思想引领导向，有计划性和针对性地实施思政教育，协助学生解决现实难题，促进学生成长成才。

（2）教育内容

第一，坚持立德树人，开展主题教育，把握育人根本。

第二，坚持沟通思想，精准把握需求，提高育人水平。

第三，坚持服务为本，以服务促引领，增强育人实效。

3．教育思路及举措

（1）教育思路

华中师范大学美术学院紧紧围绕“立德树人”根本任务，坚持“以美育人播种艺术之美，以文化人引领成长之路”的核心理念，全力服务学生成长成才，守住“魂”，以“打持久战”的韧劲推进精准思政，不断拓展“思政＋美育”学生工作的高度、厚度和温度，展现思政教育新担当新作为。

（2）主要举措

第一，坚守育人初心，精准绘制学生思想导航图。2022年7月习近

① 齐勇．运用精准思维培育“时代新人”［N］．北京日报，2022-11-10．

平总书记在新疆大学考察调研时指出："育人的根本在于立德。要坚持社会主义办学方向，培养德智体美劳全面发展的社会主义建设者和接班人。"实施"精准思政"，首要的就是要牢牢把握正确的育人方向，坚守育人初心。一是紧抓理论学习，探索"理论学习＋艺术创作"新模式，组织开展"书法党课"、"青春献礼、科创强国"百米长卷主题创作、"献礼二十大，画说新时代"、"画说感动中国人物"等系列主题创作活动60余场，组建"博雅美行"师生宣讲团，用艺术的形式诠释党的创新理论，讲好学习体会、学习收获。二是紧跟党的步伐，以主题教育为契机，创新集体交流研学、专家讲授导学、多维互促共学等形式，坚定学生理想信念。邀请党的二十大代表"小巷总理"桂小妹为师生讲授"开学第一课"。年均开展"书记有约"15次，党团活动100余期，设立党员先锋岗，拍摄党员教育电视片，点亮党员初心。三是创新网络思政，构建"2＋6"融媒矩阵，强化队伍提能、内容提质、传播提效，产出优秀网络文化作品百余件，在校大学生网络文化节中获奖40余项，思政工作被中国教育报、中国青年报等省级以上媒体报道百余次。

第二，适时掌握动态，精准构筑全员育人磁力场。2022年5月习近平总书记在庆祝中国共产主义青年团成立100周年大会上讲话时强调，各级党委（党组）要倾注极大热忱研究青年成长规律和时代特点，做青年朋友的知心人、青年工作的热心人、青年群众的引路人。推动"精准思政"，关键是要把握青年学生成长规律，提高思想政治教育的针对性。一是落实"每人必谈"，实现学生思想动态全掌握。深入落实学校"五必谈"和"六个一"工作制度，每年开展谈心谈话2000余人次，实现本科生和研究生全覆盖，面对面了解学生在思想、学习、生活、就业等方面的问题和困难，及时掌握学生思想状况。二是建立"一生一档"，实现学生成长发展全跟踪。全覆盖建立学生成长档案，定期分析学生的思想、学业、心理等方面的情况，及时跟踪诊断学生成长状态，全景化呈现学生成长发展态势。三是坚持"一事一解"，实现学生困惑难题全疏解。认真落实思政工作联席制度，邀请学院班子成员、教研室主任参加学生工作专题研讨会，分层分批召开座谈会，学生通过"午餐会""座谈会"等平台与学院领导、专业教师、教辅人员面对面交流，30名班主任年均组织班会百余次，多渠道回应、解决学生的思想困惑和学习与生活难题。

第三，坚持服务为本，精准搭建学生成长快车道。2016 年 12 月习近平总书记在全国高校思想政治工作会议上讲话时指出，思想政治工作从根本上说是做人的工作，必须围绕学生、关照学生、服务学生，不断提高学生思想水平、政治觉悟、道德品质、文化素养，让学生成为德才兼备、全面发展的人才。落实精准思政就是要始终坚持以生为本，服务学生成长需求，以服务促引领，实现思政教育润物无声。一是以美启智，全链条推进学涯赋能。依托学院学习发展中心设立“筑学、筑梦、筑艺、筑业”四大工作室，设立生涯规划与就业指导咨询日、推出“做自己时间的主人”“绘制人生的蓝图”等学涯主题漫画；成立小导师团队，针对学生英语与理论课基础薄弱的问题开展课程辅导等，年均开展学业指导类和生涯教育类活动 70 余场。设置“艺馨大讲坛”“美育大讲堂”“校友说”三个课堂。定期举办高规格学术讲座、艺术沙龙，重点强化学生“艺术服务人民”的创作导向，年均举办 12 期。打造“小艺公开课”“博雅艺术长廊”两个专业展示平台，引领学生聚焦专业能力提升开展互学促学。二是以美润心，全方位实施心理赋能。首先，我们应在预防上下功夫。召开心理健康教育工作联席会、“家校联合共育、稳筑心理防线”家长会、“心理危机的识别与应对”教职工心理育人讲座，划拨专项经费支持心理委员培训，实现新生心理测评全覆盖，筑牢心理育人防火墙。举办“我眼中的你”艺术疗愈作品征集，探寻作品背后的心灵故事，让“沉默”的学生“浮出水面”。其次，我们应在互动上下功夫。打造融美育特色的“七彩心绘”栏目，承办学校心理健康月表达性艺术团体心理辅导，举办“自由与规则”“看见自己——外貌焦虑团体”“探索情绪的色彩”等特色主题活动，引导学生在心理活动创作、观摩中获得心理成长和行为调整。三是以美力行，全覆盖展开实践赋能。学院持续推进专业美育与社会美育有效衔接，重点打造“千生画千村”社会实践项目、“艺术疗愈”志愿服务项目特色品牌，引导学生走进基层开展实践，提升实践能力，本科生和研究生全覆盖参与。持续提升学生就业能力，依托新媒体技术和艺术专业优势，推出“就业经验分享会”“校友说”“企业进校园”等品牌活动，打造丰富的就业资源平台；实施就业形势分析会、就业“一周一报”通告、简历制作、作品集制作、求职技能指导、就业主题工作坊等全程化精准化就业指导措施，为就业困难毕业生提供一对一、个性化就业帮扶。学院毕业生去向落实率逐年提高。

4. 育人成效及经验

(1) 育人成效

一是突出思想引领，学生理想信念更加坚定。《华中师范大学：一支画笔绘就的思政教育》在《中国教育报》全文报道。中国青年报、中青网等以《时代命题鲜活融入大学生画板》《千名大学生带着“一支画笔”亲历时代发展》为题，报道学院“思政＋美育”工作。“千生画千村”社会实践项目团队先后获评全国优秀暑期社会实践队、湖北省暑期社会实践优秀团队，“大我青春”2022 全国暑期社会实践展示优秀调研类作品奖1 项，优秀理论宣讲类作品奖 1 项。学院美育服务队，协同特殊学校等机构开展特色艺术疗愈志愿服务，参与人数 1000 余人次，助力残障儿童心理健康教育，受到武昌区紫阳街残联表彰。其中，“艺”想育人心，“愈”众创原生——一项针对精神障碍患者的艺术疗愈志愿服务项目获得学校志愿服务品牌立项，青年志愿服务大赛铜奖；所推出的美“愈”进课堂——中小学美“愈”心理健康课程开发的（双线融合教学模式新探索）项目入选学校挑战杯助推计划。

二是突出学科特色，学生核心素养得到有效发展。学院以培养艺术类学生核心素养为目标，紧扣美育主线，不断优化美育思政路径，开创极具丰富性、自主性、互动性、实践性的美育思政实践体系，有效提升学生的核心竞争力。近年来，学生获评全国美术教育基本功展示个人全能一等奖、第十届全国高校数字艺术设计大赛（NCDA）国家级三等奖、湖北省第十二届挑战杯大学生创业计划竞赛金奖等省级以上奖项 200 余项。

三是突出问题导向，学生获得感显著提升。学院聚焦学生面临的心理困扰、学业困难、就业形势紧张等实际问题，精准施策，取得良好成效。开发的“七彩心绘”系列心理育人贴士被推荐参加教育部第六届全国大学生网络文化节评选。组织 30 余场美育特色的主题班会，其中在学校第三届主题心理班会策划大赛中荣获一等奖 1 项，且为全校唯一一支获评一等奖的非心理学专业团队，荣获三等奖和优秀奖各 1 项。湖北日报以《艺术疗愈进高校》为题报道学院相关工作。学院获批教育部就业育人项目 2 项，学院毕业生去向落实率突破 90％。

(2) 经验启示

第一，精准思政要抓好思想解惑。2019 年 3 月习近平总书记在学校思想政治理论课教师座谈会上讲话时强调："青少年阶段是人生的'拔节孕穗期'，这一时期心智逐渐健全，思维进入最活跃状态，最需要精心引导和栽培。"思想政治教育就是要紧扣学生的思想冲突与矛盾，解决好"结合实际不紧""说理能力不强""创新意识欠缺"等问题，用科学理论武装学生的头脑，将个中道理讲明白、说清楚，为他们提供一个看问题的角度和方法，廓清他们心中的迷惑，真正达到"沟通心灵、启智润心、激扬斗志"的效果。

第二，精准思政要注重以情感人。一是要注重建立情感连接，搭建"教师午餐会""师生座谈会"等沟通交流平台，引导师生平等交流、坦诚沟通，在思想的碰撞中增进理解与信任，营造尊重、自由、包容的育人环境。二是要注重引发情感共鸣，在切入点上注重日常化，关注学生所思所想，多与他们的生活实际和专业学习相结合，在教育形式上多采取体验式，让学生在实际的参与中收获情感体验、认知习得和观念确立。如发挥艺术专业优势，采取"理论学习＋艺术创作"的教育模式，构建浸润式、一体化的思想引领模式，更容易提高学生参与热情，在潜移默化中实现专业能力和思想境界的双提升，切实增强思政育人实效。

第三，精准思政要做到实际解困。思想政治教育只有精准对接学生的实际需求、贴合学生的实际体验、解决学生的实际问题，才最能够达到入脑入心的效果。因此，要注重虚实结合，将思想政治教育与大学生的学业发展、心理健康、生涯规划、就业能力提升等重要关切结合起来，引导并帮助学生自我管理、自我解惑，把思想伟力切实转化为个人成长的强大动能。

第三节　大三学生分众化主题教育指南

大学三年级学生思政主题教育，坚持以习近平新时代中国特色社会主义思想为指导，以促进大学生全面发展为核心，以"思想提纯、素质提优、发展提档"为主线，重在进一步提高大学生思想政治觉悟、内在本领素质和未来发展核心竞争力，教育引导学生在德、智、体、美、劳等方面全方位发展，夯实未来升学与就业的知识储备与素质能力，做到思想有大进步、素质有大提升、发展有大空间。

一、教育对象

大学三年级学生。

二、教育思路

大学三年级学生思政主题教育要坚持目标导向和问题导向，紧紧围绕立德树人根本任务，紧紧对准大学生多元化成长发展需求，开设类型多样、门类齐全、质量上乘的思政主题教育课程，着力建构“五育并举”的思政主题教育体系，努力提升课程教学质量，促进大学生德智体美劳全面发展，切实增强大学生对思政主题教育的获得感与幸福感。思政主题教育各主题可结合本单位学生工作实际与学生发展需求进行教学内容、方法和资源上的创新与拓展，积极探索具有本单位特色的思政主题教育品牌，在课程内容中“扬正气”，在教学方法上“接地气”，在学生中“聚人气”。

三、教育重点和主要内容

（一）聚焦铸魂育人，深入开展理想信念教育

利用全年大事要事、学生关切时事热点、重大节庆日等契机，深入开展理想信念教育，引导学生增强“四个意识”，坚定“四个自信”，做到“两个维护”，深根理想信仰，厚植家国情怀，矢志报国实践。

其内容包括：（1）教师节主题教育。学生分享成长历程中遇到的良师，结合校庆，邀请校友，做好爱院爱校教育。引导学生思考如何为成为“四有好老师”不懈努力。（2）中秋节主题教育。组织学生分享家乡中秋习俗和记忆中的中秋；讲一讲近年家乡的发展变化，深化学生对国情社情的理解。（3）国庆节主题教育。组织学习理论热点、时政热点，用新时代新成就和身边人的故事，深化学生的爱国意识。

（二）聚焦强基赋能，促进大学生全面发展

大学三年级是至关重要的一年，经过两年的专业学业积累，学生大多适应并掌握了专业学习的方法，对于未来职业发展，具备基本的思考

和判断能力。大学三年级需在主题教育中紧紧围绕立德树人根本任务，创新开设集德育、智育、体育、劳育、美育等“五育并举”的精品素质课程，促进大学生德智体美劳全面发展，并进一步明晰发展方向，夯实核心竞争力，为未来个人升学就业与职业发展奠定坚实基础。

其内容包括：（1）生涯发展指导。讲清楚大三学年承前启后的重要性，指导每名同学对照毕业要求，查漏补缺；要求每名学生尝试做简历，集册分享；针对每名学生的薄弱点，启动年级内一对一结对帮扶。（2）生涯规划教育。邀请专业负责人、班主任、专业教师、就业相关工作人员对本专业建设情况、就业情况进行介绍和解读，引导学生探寻适合自己的职业发展目标。（3）就业升学指导。通过前期调研问卷，了解学生所需；通报大四年级就业、考研数据；针对不同就业类型邀请就业典型分享经验。就业形势政策宣讲，通报学院就业、升学（保研、考研）数据；近三年学院毕业生去向介绍；做好实习动员。邀请优秀毕业生下年级、班团开展宣讲。

（三）聚焦健康成长，切实强化生命安全教育

探索构建集生命教育、安全教育、健康教育于一体、线上线下教育相结合的生命安全教育体系，将生命安全教育与知识能力教育、案例警示教育充分结合起来，打造深受学生喜爱和青睐的生命安全教育精品课堂，教育引导大学生珍惜生命、注重安全、追求健康，增强安全防护意识与能力，有力保护个人人身财产安全，努力成长为有生命敬畏意识、安全防护意识和健康成长意识的大学生。

其内容包括：（1）心理健康主题教育。通过心理讲座、心理咨询等多种渠道，对学生开展全方位心理健康教育，提升学生心理健康素养。（2）心理教育、咨询与辅导。推介假期在线心理咨询资源，宣传相关心理健康教育知识；开展升学适应教育，帮助学生更好完成年级过渡和身份转变。（3）入学心理健康。通过开学季全覆盖调研、谈心谈话、心理报告等形式及时了解学生开学季心理动态，组织开展心理健康主题教育，帮助学生疏导心理困惑，做好开学准备。（4）劳动安全教育。传达校院寒假安排，培养劳动习惯，强调劳动和假期安全。（5）女生教育。邀请学院优秀女教师代表与学生代表分享求学求职和工作生活难忘的历程；开展女性健康与安全主题讲座，引导学生做一名自立自强自爱的新时代大学生。

大学三年级全年主题教育具体安排			
月份	教育模块	教育主题	内容设计
8月	劳动实践教育	社会劳动实践	回顾社会实践，开展社会实践总结，申报评选各类社会实践先进集体、先进个人。
	心理健康教育	心理教育、咨询与辅导	推介假期在线心理咨询资源，宣传相关心理健康教育知识；开展升学适应教育，帮助学生更好完成年级过渡和身份转变。
	生态文明教育	低碳节能教育	结合夏季炎热需要开空调、全球恶劣天气频繁发生等热点话题展开，通过介绍碳中和原理、我国在生态文明建设方面所做的努力和取得的成果，引导大家认识到低碳环保节能人人有责的重要性。
9月	理想信念教育	教师节主题教育	学生分享成长历程中遇到的良师；结合校庆，邀请校友，做好爱院爱校教育。引导学生思考如何为成为“四有好老师”不懈努力。
		中秋节主题教育	组织学生分享家乡中秋习俗和记忆中的中秋；讲一讲近年家乡的发展变化，深化学生对国情社情的理解。
	生涯规划教育	生涯发展指导	讲清楚大三学年承前启后的重要性，指导每名同学对照毕业要求，查漏补缺；要求每名学生尝试做简历，集册分享；针对每名学生的薄弱点，启动年级内一对一结对帮扶。
	心理健康教育	入学心理健康	通过开学季全覆盖调研、谈心谈话、心理报告等形式及时了解学生开学季心理动态，组织开展心理健康主题教育，帮助学生疏导心理困惑，做好开学准备。
10月	理想信念教育	国庆节主题教育	组织学习理论热点、时政热点，用新时代新成就和身边人的故事，深化学生的爱国意识。
	生涯规划教育	生涯规划指导	邀请专业负责人、班主任、专业教师、就业相关工作人员对本专业建设情况、就业情况进行介绍和解读，引导学生探寻适合自己的职业发展目标。
	学业辅导教育	学习学业辅导	开展上一学期成绩分析，主要是平均学分绩、单科成绩的最高分、平均分、中位线等，帮助学生找准自己的位置；学科竞赛最新形势介绍，邀请获奖者分享经验；学业帮扶活动动态通报。

续表

月份	教育模块	教育主题	教育内容
11月	心理健康教育	心理健康教育月	开展学生心理需求调研；针对需求，结合实际开展主题报告、谈心谈话和减压活动，引导学生察觉近期情绪，并做到接纳和有效纾解。
	榜样示范教育	先进典型教育	邀请年级或学院优秀学生开展学习经验分享：重点分享处在大三上学期阶段，有哪些困惑，做了哪些努力，还有哪些遗憾；对学生困惑进行解答。
12月	校风学风教育	自立自强教育	介绍中国大学生自强之星典型事迹；介绍学院近期助学相关项目，引导困难学生主动求助、自立自强。
		诚信教育	集中学习学校关于考风考纪的相关规章制度，做好案例警示教育，签订诚信应考承诺书。
1月	劳动安全教育	劳动实践教育	传达寒假安排、社会实践活动方案，指导学生积极参与家庭、社区劳动，掌握劳动技能、培养劳动习惯，强调劳动和假期安全。
		家校共育	召开线上家长会，总结本学期工作，对寒假及未来生活需要注意的地方对家长提要求；邮寄“家书”，有针对性地联系部分困难学生家长；介绍家访安排。
2月	学业辅导教育	寒假生活分享会	选取学生代表分享总结寒假生活和上一学期；总结分析同学们的成长和不足，介绍新学期辅导员工作重点和学生学习要点，指导每一名学生进行总结和新学期规划。
3月	女生教育	女生节主题教育	邀请学院优秀女教师代表与学生代表分享求学求职和工作生活难忘的历程；开展女性健康与安全主题讲座，引导学生做一名自立自强自爱的新时代大学生。
	榜样示范教育	学雷锋教育	再读雷锋故事，纵深挖掘时代精神；师生分享如何学习和传承雷锋精神。
	就业指导教育	就业升学指导	通过前期调研问卷，了解学生所需；通报大四年级就业、考研数据；针对不同就业类型邀请就业典型分享经验。

续表

月份	教育模块	教育主题	教育内容
4月	价值观教育	清明节主题教育	开展给逝去的亲人或者革命先烈写一段话活动，以此寄托哀思，深切缅怀，引导学生珍惜美好生活，分享清明节感悟。
	学业辅导教育	学业辅导教育	通过学院二级学习发展中心，邀请中心老师结合人才培养方案对大三年级专业选修课进行学习指导和介绍，非师范生针对大类分流后的专业课程和专业发展，师范生针对教师教育技能培养开展教育。
	安全稳定教育	国家安全日主题教育	提前布置观影《永不消逝的电波》。学生分享观影感悟，引导学生思考总结当代大学生如何维护国家安全。
5月	劳动实践教育	劳动节、青年节主题教育	分享对“爱国、进步、民主、科学”青年精神的感悟；分享工匠精神、劳模精神的代表性人物。引导学生思考如何做一名合格的新时代青年，未来如何在自己的工作岗位发光发热。
	心理健康教育	心理健康主题教育	通过心理讲座、心理咨询等多种渠道，对学生开展全方位心理健康教育，提升学生心理健康素养。
	就业指导教育	就业升学指导	组织简历制作、招聘求职技巧专题讲座，开展简历制作大赛宣传动员。指导学生在招聘季来临之前完善简历。
6月	诚信教育	考风考纪教育	集中学习学校关于考风考纪的相关规章制度；案例警示教育；签订诚信应考承诺书。
	就业指导教育	就业升学指导	就业形势政策宣讲，通报学院就业、升学（保研、考研）数据；近三年学院毕业生去向介绍；做好实习动员。邀请优秀毕业生下年级、班团开展宣讲。
	劳动实践教育	劳动实践锻炼	鼓励和指导学生积极参与家庭和社区劳动实践，做好各类实践队的选拔工作，强调离校和在校安全问题。
7月	就业指导教育	求职就业指导	完成各班学生简历收集和修改工作，启动学分核查，开展求职礼仪讲座，做好求职诚信教育。

四、教育案例

塑造积极的人格特质

——积极心理学视野下的主题教育探索与实践

董明月

随着当前社会发展不断提速，学生成长环境变化迅速，原生家庭影响、社会压力传导、突发事件诱导……种种因素不断叠加，导致当前大学生的心理问题凸显。作为辅导员，除了当好学生心理健康的守门员、心理问题的发现者，做好年级学生心理危机的预警、排查、发现、上报、干预、随访、管理等工作，还可以为有心理问题的学生做些什么？也是需要我们持续思考的课题。基于此，在日常教育过程中，针对心理问题学生开展个性化的主题教育实践，从而帮助学生塑造积极的人格特质，顺利度过危机，成为更好的自己。

1．教育主题

心理健康教育。

2．教育目标及内容

（1）教育目标

第一，初级目标：危机预防。与学生建立良性的沟通交流途径，让学生在遇到心理危机时愿意向辅导员求助。

第二，中级目标：帮助调节。重视学生在心理健康教育中的主体地位，挖掘学生身上积极的人格特质，让学生在遇到心理危机时能够避免出现“无意义感”，找到自我调节的支持力量。

第三，最终目标：促进发展。通过挖掘、塑造学生积极的人格特质，帮助学生保持对客观社会的积极、主动地适应，促进学生综合能力的发展。

（2）教育内容

将心理问题的解决融入教育日常，鼓励、推荐心理问题学生担任班级、年级主要学生干部、学生助理，或交给学生通过努力能够完成的任务和工作，让学生找到自我价值，在潜移默化中加强与老师的沟通交流，同时提升个人综合能力。

3. 教育思路及举措

(1) 教育思路

大部分时候，我们心理健康教育主要关注的是学生的不良心理情绪或疾病，心理健康工作也常常围绕度过危机、消除疾病展开，这使得我们在实际工作中遇到很多实际困难，例如学生会因为心理问题无法缓解而自责，加重心理负担；辅导员与学生交流心理问题过多，学生产生排斥；消极因素去除了但学生在个人发展等方面并没有变得更好，心理问题反复……而积极心理学视野下的针对心理问题学生的主题教育实践重在唤醒学生内心的积极因素，塑造积极的人格特质，促进学生综合能力的发展，从而实现心理问题学生预防危机、帮助调节、促进发展的良性循环。

(2) 主要举措

针对心理问题学生的主题教育是常态化、个性化的，在主题教育过程中，主要采用搭建沟通桥梁，实现危机预防；找到支持力量，帮助自我调节；塑造积极特质，促进全面发展“三步走”的方式展开。

第一，搭建沟通桥梁，实现危机预防。在与心理问题学生进行沟通的过程中，以什么样的理由开启谈话、围绕什么问题展开交流并不是一件简单的事情。谈少了担心对情况掌握得不够，谈多了担心学生出现排斥感。所以对心理问题学生进行帮助教育的第一步是创设交流的环境，搭建沟通的桥梁。在教育实践过程中，主要采取的方式是鼓励、推荐心理问题学生担任班级和年级的主要学生干部，或者定期交给学生自己能够胜任的工作，让学生在自然的环境中加强与身边同学、辅导员、其他老师之间的沟通交流，避免心理问题学生成为“孤岛”，便于及时发现可能存在的危机。

第二，找到支持力量，帮助自我调节。心理问题学生的性格千差万别，有的积极进取，有的好强伪装，有的沉默逃避，但他们与普通学生一样都期待受到认可、找到自我价值。所以在搭建起与他们沟通交流的桥梁后，第二步是通过持续的针对性的交流和帮助，找到每个人背后不同的支持力量。在实践过程中，要分类别为学生提供指导和建议，对自尊心强、能力突出，但不愿意受到过多关注的学生，鼓励其担任年级或班级主要学生干部；对于热心善良但不善言辞、缺少积极性的学生，推荐其参与项目或完成指定的材料收集工作；建立学习小组，避免有心理问题且不善言辞的学生远离群体学习生活；组织心理健康活动时邀请心理问题学生参加，甚至安排其承担部分组织工作；等等。让他们在活动中、学习中、工作中实现自我心理调节。

第三，塑造积极特质，促进全面发展。学生心理问题往往不是单一问题，随之而来的还有人际交往问题、学习问题、就业压力、发展问题等，通过以上两个步骤的教育帮助，学生在学习、工作中发现了个人的特长，强化了个人优势，综合能力得到锻炼，积极的特质也逐渐塑造起来，进而促进了学生的全面发展。

4. 育人成效及经验

（1）育人成效

第一，及时发现心理危机，解决学生“眼前事”。依托以上相关举措，有心理问题的学生与辅导员、其他同学间建立起了良性的沟通渠道，不再完全依靠“辅导员定期找”，能够主动与老师、同学进行沟通交流，表达近期内心的困惑、当前遇到的问题。有他人分享忧伤、同担痛苦，可以减少危机的发生，也能帮助老师及时发现学生心理变化，预防可能出现的危机，并采取相应的干预措施。

第二，提升自我调节能力，激发问题学生“主体性”。有心理问题的学生在担任主要学生干部，或完成指定的工作任务后，及时给予鼓励、认可，在积极的氛围中挖掘个人价值，形成积极的人格品质，凸显了学生在心理健康教育中的主体性，有效增强了学生的自我心理调节能力。

第三，促进问题学生全面发展，助力“谋长远”。通过担任一定的学生干部职务、加入课题组、组建学习小组、分配一定的工作任务等，问题学生也在走出心理问题的阴霾过程中调动起参与学院、年级事务的积极性，提升了个人的综合能力，应对未来社会竞争的能力显著增强。

（2）经验启示

第一，解决学生心理问题应与解决学生成才发展的实际问题相结合。正如冰山理论所揭示的，对于心理个案，我们所能看到的往往只是露出海面的那一部分行为，更大的内在世界总是藏身于海面之下，不为人所见。每个人一生中都会遇到大大小小的危机，但客观危机转化为心理危机并爆发出来往往来自多方面因素的叠加，例如经济问题、家庭关系、人际交往、学业问题、未来发展问题等等，所以我们需要尽力去找到源头所在，挖掘出可能的支持力量，解决学生成才发展中面临的实际问题，才能转危为机。

第二，消除消极心理因素应与挖掘学生个人积极的人格特质相结合。在积极心理学视野下，大学生心理健康教育不能局限于消除消极的心理因素、解决心理问题，要引导学生树立健康的价值观念，教育学生养成积极的人生态度。所以在帮助学生走出心理困境时，要从学生的现实生活出发，将心理健康教育与学生学习生活相结合，挖掘学生的特长和亮点，培养学生积极的人格特质，找到自我价值，提升处理应对各种突发事件的能力。

第三，积极提供心理帮扶应与充分尊重学生教育的主体地位相结合。在与心理问题学生交流时，他们会有“我也不想这样，感觉太麻烦老师同学们了”等诸如此类的表达，可以感受到，其实许多心理问题的学生对于外界过多的帮助会有愧疚感，也不利于学生的健康成长。所以在为学生提供心理帮扶的同时，也要尊重学生在心理健康教育中的主体地位，激发学生“自救”的主观能动性。

“资”润育人，“助”梦前行

徐月梅

为深入贯彻落实党的二十大关于“完善覆盖全学段学生资助体系”要求，紧紧围绕“立德树人”的根本任务，扎实做好资助育人工作，将其全面贯穿学生教育、管理、服务等各环节，进一步助推学生资助工作与思想政治工作紧密结合，强化学生责任意识、诚信意识和感恩意识等，引导学生树立正确的价值观、诚信观和消费观，助力各学段学生全面发展，进一步增强学生资助工作的稳定性和长效性，实现学生资助工作高质量可持续发展。

1．教育对象

本科2021级家庭经济困难学生。

2．教育主题

诚信于人，感恩于心，励志于行。

3．教育目标及内容

（1）教育目标

第一，进一步加大学生资助政策的宣传力度，提升学生对国家资助政策的知晓度，确保家庭经济困难学生应助尽助。

第二，帮助家庭经济困难学生树立正确的价值观、诚信观等，正确面对生活中所遇到的困难，以更加人性化的方式引导学生如实反映家庭经济困难情况，既不应隐而不报，更不能夸大虚报。

第三，加强对学生的励志教育、诚信教育与感恩教育等，注重对学生社会责任感和使命感的培养，营造学院学子自强不息、奋发向上的良好氛围。

（2）教育内容

以宣传资助政策为主线，融合诚信教育、感恩教育、励志教育等，并将征信知识、金融知识、防诈骗和违法高利贷等方面的知识贯穿其中，切实提高学生的责任意识与风险意识，激发学生的诚信意识与感恩意识。在学思践悟中，以知促行，实现教育成果有效转化为学生的自觉素养与行为，着力把家庭经济困难学生培养成为德智体美劳全面发展的社会主义建设者和可靠的接班人。

4．教育思路及举措

（1）教育思路

坚持资助与教育并举、助学与育人并重的帮扶理念，将思想教育贯穿在奖、贷、助、补、勤、减、免等各个环节。在资助育人上注重“扶困”与“扶智”“扶困”的内容拓展，通过思想政治教育引领、心理健康教育引导、专业知识技能帮扶和就业创业能力指导等，培养家庭经济困难学生多维发展能力，确保家庭经济困难学生从思想认知上实现由“输血”到“造血”的转变，有效引导家庭经济困难学生立鸿鹄志、做奋斗者，筑牢家庭经济困难学生的幸福根基。

（2）主要举措

第一，强化政策宣传，关注学生成长发展需要。通过立足年级的实际情况，首先对年级家庭经济困难学生进行摸排汇总、进行一对一谈心谈话、构建家校联系等方式，建立起“一生一策”经济贫困生资助成长档案 36 份，在每年贫困生认定基础上调整补充，以便充分了解学生的需求以及发展方向；其次，持续常态化开展政策宣讲，尤其是利用好特殊节日、热点事件等相关节点，有计划、有目标、有重点、有措施地开展学生资助政策宣传，提供资助靶向服务，将不同学生存在的普遍性与特殊性的问题予以高效解决，切实保障不让一个学生因家庭经济困难而失学。

第二，强化意识担当，全面提升资助育人实效。将诚信教育、感恩教育、励志教育等纳入年度资助宣传工作方案中，通过更加丰富的形式和内容，多途径让家庭经济困难学生真正感受到资助育人工作的力度、深度和温度。一是借助案例讲解等方式，组织学生集中观看防电信诈骗、非法贷款等宣传教育警示片，切实增强学生防范意识。二是利用专业特色，手绘诚信知识手册、防诈手绘读本等，生动有趣地普及个人征信的重要性，使学生主动学习金融知识，同时抵制网络不良诱惑，树立正确的消费观念。三是挖掘和宣传学院学生励志榜样典型，通过分享身边人、身边事，充分发挥朋辈示范引领作用，激励学生健康成长、全面发展。让学生在潜移默化中真正做到诚信于人、感恩于心、励志于行，肩有担当的人。

第三，强化资源整合，助力资助工作提质增效。以提升学生的综合素养为宗旨，在精准开展物质帮扶的基础上，坚持做有温度、有深度、有广度的家访，与学生家庭进行深入交流，详细了解他们的家庭情况、健康状况、经济来源等，让了解不只停留在纸面，而是更加鲜活深入。同时，注重家庭经济困难学生的心理帮扶与就业技能提升，鼓励学生积极参加社会实践，培养受助学生适应和融入社会的能力，激发学生的内生动力，实现资助的发展性功能。

5. 育人成效及经验

（1）育人成效

一是通过广泛宣传国家及学校资助政策，实现经济贫困生应助尽助，让家庭经济困难学生能上学、上好学，解除他们的后顾之忧，培养德智体美劳全面发展的时代新人。

二是通过立足实际情况，结合专业优势，组织开展学生资助特色品牌活动，为家庭经济困难学生等特殊群体提供展现自我的平台，并在活动中提升与锻炼自己的综合素质，形成推动学生发展的新动力。

三是开展实施朋辈互助导学帮扶模式，形成解困—育人—成才—回馈的良性循环，不断增强家庭经济困难学生的教育安全感、获得感和幸福感，不断提升资助育人实效性。

（2）经验启示

第一，坚持“以生为本”思想，服务育人。通过尊重受助学生的个体差异和主体地位，了解学生所思所想所盼，并及时回应需要与诉求。不仅要关注学生日常学习、生活各细节，更要不定期倾听学生成长困惑、发展需求等，时刻做到心中有数，操之有度，行之有方，根据家庭情况、困难程度、心理诉求等，精准识别受助学生，实施差异化资助，做到一生一策、精准帮扶。

第二，贯彻“立德树人”原则，文化育人。始终将扶助工作与理想信念教育、自强感恩教育、心理健康教育等有机融合在具体工作中，给予家庭经济困难学生物质资助的同时，开展思想引领、心理关怀、志向培养、素质提升等育人工作，从而引导学生在困难面前自立自强、坚定信念，学会自尊自爱，不断提升自身素养，进而激发成长内在动力。在“受助”基础上，主动全方位“脱贫”，使“他助”逐渐转向“自助”与“助人”，积极发挥个人专业与优势，将所得、所学应用于社会进步和发展，实现自我价值最大化。

第三，践行“协同育人”理念，实践育人。持续加强资助工作与思想教育、校园文化、就业创业等工作的融通联动，积极打通扶贫、扶志、扶智“三链”最后一公里。整合吸纳多方资源，聚焦困难学生的成长问题，全方位搭建社会实践、实习实训等各类平台。多层次、多形式、多渠道开展技能培训，不断夯实困难学生群体的专业基础，实现多举措提升综合素质，为学生成长成才保驾护航，让他们以更加自信的心态投入学习、生活，以更加昂扬的姿态，走出校园，走向社会、走向未来。

第四节　大四学生分众化主题教育指南

毕业生思政主题教育是高校毕业季教育的重要内容，对于提高学校人才培养质量，促进毕业生更加充分、更高质量就业具有重大意义。大学四年级学生思政主题教育，坚持以习近平新时代中国特色社会主义思想为指导，以促进大学生高质量升学就业为第一要务，结合毕业生实际，充分依托本单位专业学科育人优势，全面增强大学生综合素质、核心竞争力和升学求职应试能力，培养大学生深厚的爱党爱国、爱校荣校、实践报国情怀，为新时代社会主义现代化强国事业培养合格建设者和可靠接班人。

一、教育对象

大学四年级学生。

二、教育思路

大四年级主题教育紧紧围绕毕业生学习发展诉求，不断开拓工作思路，深化创新教育内容与形式，以“素质全面化发展、核心竞争力打造、升学就业全方位指导”为主线，以“爱国主义教育、爱校荣校教育、就业创业教育”为主要内容，切实解决毕业生升学就业的困惑、困难和需求，促进毕业生高质量升学就业。思政主题教育各主题可结合本单位学生工作实际与学生发展需求进行教学内容、方法和资源上的创新与拓展，积极探索具有本单位特色的思政主题教育品牌，让课程内容贴近学生需求，在教学方法上增强互动体验，切实解决学生的实际问题。

三、教育重点和主要内容

（一）深入推进爱党爱国、爱校荣校教育

结合毕业典礼、毕业生代表座谈会、优秀毕业生交流会、校友事迹报告会等一系列毕业季教育活动，对大学生深入开展爱国主义教育和爱校荣校教育，培养大学生爱党爱国、爱校荣校深厚情怀。其内容包括：（1）爱国主义教育。做好学生思想引领和价值引导，弘扬社会主义主流意识形态，厚植爱党爱国、实践报国情怀。（2）社会责任感教育。强化规则意识，开展社会意识与公民责任教育工作，提升学生社会责任感。（3）爱校荣校教育。在学生中广泛开展责任与感恩教育，唤醒大学生校友意识，提升学生感恩母校、心怀责任的意识。（4）感恩教育。通过毕业生最后一课、毕业典礼、毕业晚会等形式，针对学生党员、困难学生等不同学生群体开展分层分类教育，强化学生爱校荣校思想，提升学生幸福感和收获感。在大学四年级学生中选聘校友大使，以此为契机提升广大学生认同感，加强学生爱校情怀。

（二）深入推进学生就业创业指导教育

围绕大学四年级学生学业困难、升学深造、就业创业等方面，通过政策宣讲、专题报告、经验分享、专题培训等渠道开展指导帮扶，积极引导学生合理优化生涯发展道路，制定长远发展规划，不断提升学业水平，增强就业创业能力。其内容包括：（1）学业辅导教育。引导学生做好毕业学年学分清查工作，认真梳理学生毕业要求是否达标，及时开展学业发展查漏补缺工作，确保学生顺利毕业。（2）教学实习动员。围绕即将开展的教育教学实习进行动员，提前做好师范生教育实习思想准备。（3）毕业论文指导。邀请专业老师开展毕业论文撰写指导，召开论文撰写动员大会，强调论文撰写的相关注意事项，培育良好的学术道德。（4）毕业论文答辩指导。邀请研究生开展毕业论文答辩示范，介绍论文答辩注意事项。（5）就业创业政策解读。对“三支一扶”、选调生选派、征兵等工作进行政策宣讲，拓宽学生就业渠道，提升就业质量。（6）就业指导教育。通过对研究生推免、支教

保研、考研、就业等形势的研判分析，引导大学四年级学生正确选择升学就业形式，做好学生个人生涯规划指导工作。（7）求职就业技巧指导。进行笔试规范、面试礼仪等求职就业技巧指导，提升学生求职就业成功率。（8）就业创业教育。围绕考研失利和慢就业、难就业学生开展就业创业指导。（9）毕业和离校手续确认。开展毕业审核的流程、离校流程、派遣信息确认、教师资格证认定等毕业手续的教育，确保毕业生安全有序离校。重点关注延迟毕业学生，对其进行学业帮扶、就业情况跟踪指导服务。

（三）深入推进心理健康教育

围绕就业、升学、学业等发展性问题和学生生活、家庭、情感等因素所产生的心理问题，实时动态把握学生情况，持续做好心理健康教育。其内容包括：（1）考研心理调节。开展考研学生心理健康教育，疏导考研紧张情绪，培养良好考研心态。（2）职场幸福课。做好职场幸福课等职前引导教育，帮助学生建立良好的就业心态，树立正确职涯发展规划意识。

（四）深入推进榜样示范教育

选树就业、创业、升学等学生先进典型和优秀校友典型，通过校内外各级媒体做好事迹宣传，在学生群体中营造比学赶超氛围。其内容包括：（1）选聘校友大使。在大学四年级学生中选聘校友大使，以此为契机提升广大学生认同感，加强学生爱校情怀。（2）榜样示范教育。选树优秀毕业生典型，宣传推广事迹，面向低年级学生做经验分享和交流，发挥示范引领作用。

大学四年级全年主题教育具体安排

月份	教育模块	教育主题	教育内容
8月	安全稳定教育	暑期安全防护	提醒大学生注意专业实习安全，同时进行暑期社会实践以及返校、防诈骗等安全教育。
	学业辅导教育	教学实习动员	围绕即将开展的教育教学实习进行动员，提前做好师范生教育实习思想准备。

续表

大学四年级全年主题教育具体安排			
月份	教育模块	教育主题	教育内容
9月	学业辅导教育	学分清查	引导学生做好毕业学年学分清查工作，认真梳理学生毕业要求是否达标，及时开展学业发展查漏补缺工作，确保学生顺利毕业。
	就业指导教育	生涯发展规划	通过对研究生推免、支教保研、考研、就业等形势的研判分析，引导毕业生正确选择升学就业形式，做好学生个人生涯规划指导工作。
	学生资助教育	感恩教育	围绕各项荣誉奖励的评审工作开展资助育人工作，培养学生感恩意识。
10月	爱国主义教育	意识形态教育	做好学生思想引领和价值引导，弘扬社会主义主流意识形态，厚植爱党爱国、实践报国情怀。
	心理健康教育	考研心理调节	开展考研学生心理健康教育，疏导考研紧张情绪，培养良好考研心态。
	就业创业教育	就业创业政策解读	对“三支一扶”、选调生选派、征兵等工作进行政策宣讲，拓宽学生就业渠道，提升就业质量。
11月	就业指导教育	求职就业技巧宣讲	进行笔试规范、面试礼仪等求职就业技巧指导，提升学生求职就业成功率。
	学业辅导教育	毕业论文指导	邀请专业老师开展毕业论文撰写指导，召开论文撰写动员大会，强调论文撰写的相关注意事项，培育良好的学术道德。
12月	校风学风教育	学风考风整顿	针对大学四年级存在挂科重修等情况开展考风考纪教育、违纪处分与案例警示教育，营造良好学风考风。

续表

月份	教育模块	教育主题	教育内容
1月	安全稳定教育	寒假安全教育	教育引导学生注意寒假期间出行安全、饮食安全、人身财物安全，强化寒假安全生活意识。
2月	劳动实践教育	家庭劳动教育	鼓励大学生参与家庭劳动，树立劳动为荣理念，掌握劳动技能，培养劳动习惯。
3月	社会责任感教育	公民意识教育	强化规则意识，开展社会意识与公民责任教育工作，提升学生社会责任感。
4月	爱校荣校教育	校友感恩教育	在学生中广泛开展责任与感恩教育，唤醒大学生校友意识，提升学生感恩母校、心怀责任的意识。
	就业创业教育	就业创业教育	对考研失利和慢就业、难就业学生开展就业创业指导。
	学业辅导教育	毕业论文答辩指导	邀请研究生开展毕业论文答辩示范，介绍论文答辩注意事项。
5月	就业指导教育	职场幸福课	做好职场幸福课等职前引导教育，帮助学生建立良好的就业心态，树立正确职涯发展规划意识。
6月	感恩教育	毕业最后一课	通过毕业生最后一课、毕业典礼、毕业晚会等形式，针对学生党员、困难学生等不同学生群体开展分层分类教育，强化学生爱校荣校思想，提升学生幸福感和收获感。
	榜样示范教育	选聘校友大使	在本毕业年级学生中选聘校友大使，以此为契机提升广大学生的认同感，加强学生的爱校情怀。
		优秀毕业生评选	选树优秀毕业生典型，宣传推广事迹，面向低年级学生做经验分享和交流，发挥示范引领作用。
	就业指导教育	毕业和离校手续确认	开展毕业审核的流程、离校流程、派遣信息确认、教师资格证认定等毕业手续的教育，确保毕业生安全有序离校。重点关注延迟毕业学生，对其进行学业帮扶、就业情况跟踪指导服务。

四、教育案例

锤炼提升党性修养　引领青年成长成才

邵　杰

为切实抓好毕业生党员教育工作，强化毕业生党员意识和责任，发挥学生党员的先锋模范作用，做实、做细、做广毕业生党员教育对于提升毕业生党员党性修养，培养毕业生党员荣校爱校情怀具有独特作用和重要意义。

1．教育主题

毕业生党员“感恩母校 坚守党性”。

2．教育目标及内容

（1）教育目标

教育引导全体毕业生党员坚定入党初心，砥砺强国之志，牢记青年之责，感念母校之恩，为毕业生安全有序离校奠定基础，同时也要达到激励非毕业年级党员、提高支部凝聚力的效果。

（2）教育内容

一是涵养毕业生党员品德，陶冶毕业生党员品格；二是坚定毕业生党员初心，筑牢毕业生党员信念；三是激励毕业生党员奋进，推动毕业生党员践行。

3．教育思路及举措

（1）教育思路

党课教育是共产党人一生的必修课，党员是学生群体中的中坚和骨干力量，扎实做好毕业生党员教育是毕业生教育中的关键一环。通过微党课、座谈会、茶话会、读书会等多元化、生动化、立体化的载体和形式筑牢党员理想信念。

（2）主要举措

第一，重温入党誓词，牢记入党初心。在学院团委书记领导下，全体毕业生党员重温入党誓词，在一句句铮铮有声、铿锵有力的誓词中回望入党初心，坚定理想信念。随后，组织学院党委领导为毕业生党员学生佩戴党徽，提升政治仪式感。

第二，聆听书记党课，淬炼勤学之心。邀请学院党委书记以“学思想不忘初心，强党性砥砺奋进”为题，为即将读研深造、投身基层、服务西部、自主创业的毕业生党员讲授毕业前的最后一堂党课。结合二十大报告的精神，以新时代以来十年的辉煌成就为窗口向学生展示蓬勃巨变，提升毕业生党员的“四个自信”，并在此基础上带领同学们系统重温建党一百多年来党领导全国人民在革命、建设、改革和发展中取得的辉煌成就。

第三，观看留念视频，共忆同窗之情。学院党委制作毕业生党员留念视频，以影像形式记录2023届毕业生党员在校期间教育成长全过程。全体党员通过视频重温支部大会上成为党员的光荣时刻，共忆每月主题党日上的学习成长，寻找初心教育、红色研学、乡村振兴、建党百年红色舞台、党的二十大精神宣讲、抗疫志愿服务中的各自身影。

第四，分享青春故事，坚定未来信心。在毕业生党员中选择优秀本科毕业生党员分享自己在大学期间的成长以及收获，分享自己在考研、求职的故事和经历，细数大学生活中的点滴成长与收获，以及对未来人生规划的思考，代表全体毕业生党员对学院老师的辛勤培养和教育表示衷心感谢。

第五，发放专属礼包，彰显真情暖心。学院党委为每位毕业生党员赠送一份信仰大礼包——一本象征着忠诚的《中国共产党章程》，一枚代表着身份的党徽和一张写满期待的毕业生党员一封信。通过有温度、有内涵的仪式感引导每位毕业生党员常怀感恩之心、常思母校之恩，激励毕业生党员以梦为马，务实笃行，以实干成就梦想。

第六，开展特色活动，传递感恩爱心。组织毕业生党员代表积极参加教室、实验室文明清扫活动，以实际行动为学院建设奉献一份力量，留下最美背影。通过活动的开展实现共忆青春往事，同为学院发展尽力。

第七，组织集体合影，留住美好时光。我们留不住时光，但是照片可以帮我们定格时光。在即将分别的时刻，大家身着毕业服，互相祝福对方。全体党员以及各位老师们在学院大门口留下最后的大合照。

4. 育人成效及经验

（1）育人成效

第一，筑牢感恩之心。毕业生党员是毕业生群体的重要组成部分，也是毕业生群体中的先进代表，织牢与毕业生党员之间的关系网络对于学校长远发展具有重要意义。

第二，提升党性修养。在对毕业生党员群体开展教育的过程中，毕业生党员更加坚定了理想信念，对党的忠诚度大大强化，党性修养不断提升。

第三，投身祖国实践。通过广泛组织和动员，毕业生党员群体在扎根基层实践，推动实现国家复兴进程中焕发出了巨大活力。

(2) 经验启示

第一，营造氛围，让毕业生党员教育更显真情。以学生党支部为组织单位，陆续安排学院领导、辅导员与毕业生党员进行面对面座谈，师生党员齐聚一堂，畅所欲言，共话初心使命。各党支部书记纷纷和毕业生党员展开暖心谈话，勉励毕业生党员牢记使命、勇于担当。学生党支部通过简洁而庄重的集体政治生日仪式，低年级党员代表向每位毕业生党员送上诚挚的祝福，让党员充分感受到了党组织的关心和关爱，进一步提升组织生活温度，增强毕业生党员的归属感、荣誉感、使命感。

第二，注重体验，让毕业生党员教育更接地气。毕业生党员教育不仅仅是一门党课，更是一门体系化、立体化的教育，为此，应该针对不同毕业生党员群体量身定制与毕业生息息相关的实践活动。如针对提高党性修养非师范生党支部开展"'硕'果累累，立'职'成才"毕业生主题教育活动，将职业生涯融入毕业生党员教育全过程，邀请青年教师分享个人成长经验，回顾学术成长历程，为毕业生党员提供经验和建议。本研党支部联合举办"弘扬红色文化 砥砺青春梦想"读书分享会，向党员代表赠送《习近平与大学生朋友们》《十四五与双循环》《一本书读懂碳中和》等书籍，在互赠书籍中一方面兼顾了实用，另一方面也彰显了价值引领。

第三，树立榜样，让毕业生党员教育更具力量。充分挖掘身边的党员模范、校园之星、求职达人、志愿先锋，邀请身边榜样走进党支部、团支部、一站式社区等讲述自身故事。组织开展"先锋微讲堂"活动，组织优秀毕业生共产党员在一站式学生社区党建领航中心为低年级学生分享成长经验，发挥优秀共产党员的模范带头作用，将榜样先锋的正能量浸入学生社区公寓。各毕业生党支部积极响应学院党委发起的"党建引领做表率 多方联动促就业"系列活动号召，广泛开展"职引方向 薪火相传"主题党日活动，邀请成功考研或就业的毕业生党员从考研方向、考研心态、考研技巧和复习计划以及针对就业方向选择、简历制作、就业信息获取、就业面试技巧等做全面分享。

第四，对标时事，让毕业生党员教育更有高度。以生动鲜明的时事作为切口，从事例出发，庖丁解牛、层层引导、逐步拔高，教育引导毕业生党员常怀忧党之心、为党之责、强党之志，更加坚定对马克思主义的信仰、对中国特色社会主义的信念。毕业生党员教育首先要立足坚定毕业生党员群体的党性，筑牢其理想信念，帮助其更好成长成才；其次要强化毕业生党员荣校爱校，引导其常怀感恩母校之心；最后要激励毕业生党员在投身学业或工作后依然奋发向上，重担使命，在平凡的岗位上做出不平凡的成就。

精准干预、多重发力

——做好就业心理“双困难”毕业生教育引导工作

汪　双

毕业季，如何做好因家庭困难导致心理困难的“双困难”学生在本科毕业这一重要人生阶段的教育引导工作，是高校落实立德树人根本任务，守好学生安全稳定底线的重要工作。打好资助育人、心理育人、就业育人组合拳，缓解学生就业压力，提高心理健康水平，最终提升就业创业能力，是解决此类问题的有效方案。

1．教育主题

资助、心理、就业三位一体育人体系。

2．教育目标及内容

（1）教育目标

关注家庭经济困难学生在毕业就业阶段心理健康问题，教育引导学生以健康的心态面对挑战，实现就业目标，顺利走向下一人生阶段。

（2）教育内容

在毕业年级，对家庭经济困难学生开展经济资助、心理健康教育以及就业帮扶等三方面相结合的工作。

3．教育思路及举措

（1）教育思路

第一，精准干预。摸清学生家庭经济状况，了解学生心理健康水平，掌握学生毕业就业动态，对于重点关注对象及时发现，及时干预。

第二，多重发力。对于“双困难”学生，从经济救助、心理疏导、就业指导等多方面，利用学校、学院、用人单位等多方资源，邀请家人、班主任、好友等多渠道同时发力，从保障型资助向发展型资助转变，打造有智慧、有温度的资助育人促就业模式。

（2）主要举措

第一，瞄准——抓准教育对象，建立困难生档案，关注学生发展全过程。家庭经济困难学生是高校学生工作重点对象，根据学校相关工作要求，以家庭经济困难认定工作为契机，了解学生家庭经济情况及成长条件。给困难学生建立成长档案，对脱贫家庭学生、低保家庭学生、突发意外致困学生、偏远地区学生等特殊群体在培养各环节开展有针对性的帮扶。同时，定期与学生谈心谈话，主动下沉到学生群体，有针对性地培养学生骨干，畅通信息渠道，及时掌握突发应激事件学生，做到重点关注对象无遗漏。

第二，扶贫——以经济救助为基础，解决学生后顾之忧。了解到学生所处困难境地后，基于学校及学部相关资助政策，第一时间开展经济资助，解决实际困难，让学生安心，无后顾之忧。对于家庭经济困难学生，根据实际情况，有针对性地建立资助机制，除国家助学金等国家资助政策及临时困难补助等学校资助政策外，培养单位在教育发展基金等内部管理经费中设置困难学生专项资助方案，以应对学生突发困难所需要的经济救助。

第三，疏导——以心理辅导为重点，提高学生心理素质。依据校园危机应对标准程序，借助各方资源力量，及时干预化解危机。在危机事件发生之后，第一时间向心理健康中心专家求助，制定心理帮扶方案，在家长知情的基础上，根据实际情况，陪同学生前往专科医院接受专业治疗，定期关心病情发展情况及心理状态变化，多角度帮助学生恢复良好心理。

第四，扶智——以就业帮扶为突破，助力学生实现价值。为从根本上帮助学生成长，建立良好的就业心态，提升学生就业能力是重点。一方面，根据学生专业特长及就业意愿，帮助学生分析就业环境，找到就业目标；另一方面，邀请专业教师对学生就业技能进行辅导，从简历制作、面试模拟等方面全面提升学生就业能力；同时，单位借助校友等各方资源，拓展就业岗位，有针对性地推荐工作单位，为学生高质量就业创造机会。

4. 育人成效及经验

（1）育人成效

危机化解及时。在“双困难”学生毕业季突发危机时，第一时间从经济资助、心理帮扶及就业指导等多方面帮助学生解决现实困难，有效控制事态进一步发展，避免了极端事件的发生。

心理健康水平有效提高。因成长经历和家庭经济压力等原因所形成的不健康的心理状态，在学校学院的全力帮扶下，在专业人员的帮助下得到了有效改善，学生收获了健康的心理和积极的心态，为面对人生未知的困难和挑战奠定了良好的基础。

学生实现高质量就业。在帮扶过程中，尤其在就业指导环节，授“渔”多于授“鱼”，使学生专业能力得到了成长，就业能力得到提升，不仅到满意的岗位就业，同时为未来良好的职业发展提供了有效支撑。

（2）经验启示

资助育人是高校思想政治工作的重要组成部分。在毕业就业这一关键阶段，党的二十大报告所提出的建设发展型资助体系，是有效实现资助育人目标的关键点。

以生为本，精准识别，主动干预。高校需重视家庭经济困难学生教育管理，在入学之初，全方位了解学生家庭经济情况，一对一建立困难生档案。有意识地培养学生骨干，建立信息反馈机制，对于突发情况及时掌握，将风险在可控范围有效处理。针对危机事件，第一时间启动标准干预流程，主动出击，多方配合，及时化解。

协同育人，及时调整，良性循环。对于困难生教育帮扶工作需要借助多方力量。一方面，在学生成长的不同阶段开展不同程度的资助工作，从学习适应、专业发展到择业就业建立有效机制；另一方面，将资助工作与教育教学、就业创业等工作结合，实现对困难生全流程、全方位教育帮扶，提升综合素质，助力学生以良好姿态面对人生。

建立发展型资助体系，实现高质量就业目标。将扶“贫”与扶“智”相结合，关注家庭经济困难学生生涯规划和就业指导的核心问题。一方面，结合校内外资源，开展心理健康教育，缓解困难生自卑与焦虑情绪，将经济焦虑转化为就业动力。另一方面，对于缺乏家庭支持的困难学生，针对性地开展简历设计、面试技巧等就业技能指导，提升就业核心竞争力，是毕业年级困难生资助工作的关键路径。

后　记

当前，高校思想政治工作体系逐步健全，对思想政治教育的针对性、实效性提出了更高要求，大学生思想政治教育要从根本上实现从“大水漫灌”到“精准滴灌”的转变。主题教育是小切口针对性教育，能够精准对接教育对象，综合运用多种教学手段，有效提升思想政治教育质量。新时代大学生思想政治教育要坚持广泛覆盖与分类指导相结合，通过主题课程、主题实践、主题班会、主题宣传、典型示范等方式进行守正创新。

新时代大学生分众化主题教育，是高校聚焦立德树人根本任务，坚持以学生为中心，以大学生全面发展为目标，以形式多样、内容丰富的主题教育课堂教学与实践育人活动为主要载体，针对大学生开展分主题、分阶段、分类别的递进式、层级化的日常思想政治教育活动。大思政背景下，大学生分众化主题教育应根据不同学段、不同年级、不同学生群体的多样化学习发展需求，积极探索针对性、实效性较强的分众化思想政治教育新规律、新路径、新体系、新模式，从而有效提升大学生思想政治教育质量。

本书以习近平新时代中国特色社会主义思想为指导，立足时代前沿，聚焦大学生分众化主题教育这一核心内容，以大学生分层、分类教育为主线，从理论指引、时代意蕴、现实困境、体系建构、组织实施、师资队伍、实践指南等多个方面进行了理论与实践相结合的研究探索。各章节具体分工如下：第一章，邵莉莉、李金督；第二章，李刁、许亨洪；第三章，李宪玲、王莉；第四章，王璐、张爱；第五章，马珺、陈志；第六章，马英、姜春勇；第七章，饶艳萍、卢雯。全书由华中师范大学党委副书记陈迪明、党委学生工作部思政处处长李刁提出总体思路、确定写作大纲、提供专业指导，并最后修改定稿。